언니의
따뜻한
말 한마디

보상에 관한
101가지 방법

선택은 회사만
하는 것이 아니다

'상처받았다'는 말을
좋아하지 않는 이유

당신은 그렇게 중요한
사람이 아니다

여자가 틀린 걸까
남자가 틀린 걸까

언니의 따뜻한 말 한마디

진짜 어른으로 성장하고 싶은
2030을 위한 '쿨한' 직장인 지침서

거절은
담백하게

뒤통수 맞고
억울하다면

사람들은
당신에게
관심이 없다

저는 최 참판 댁
소작농이
아닌뎁쇼

윤정연
지음

완벽주의,
개나 줘버려!

주인의식은
주인만
갖는 거다

책또락

그래도 사람입니다

외근을 나가는 길에 신입 직원이 물었습니다.

"팀장님은 왜 직장을 다니세요?"

저는 조금도 고민하지 않고 답했습니다.

"친구 사귀려고요."

이 말은 진심이었습니다. 어차피 세상을 사는 한 힘든 일은 수시로 닥치기 마련이지요. 꼭 직장이 아니라도 말입니다. 그럴 때 쓰러지지 않고 나를 지탱하자면 짚을 것, 기댈 것이 많아야 유리하겠지요. 제겐 그것이 친구였습니다. 몇날며칠 똑같은 불만을 쏟아내도 묵묵히 들어주던 동료, 도전을 두려워할 때마다 끊임없이 채근하고 일으켜 세워주던 선배, 보다 나은 사람이 되고 싶게 만들어주었던 똑똑하고 사려 깊은 후배까지.

이런 친구들이 없었다면 저는 벌써 지쳤을지 모르고, 어찌어찌 견뎠다 해도 지금보다 한참 모자란 사람이 되어 있을 거라는 생각을 합니다. 그래서 제게 질문한 신입 직원에게도 직장 다니면서 좋은 친구 많이 사귀기를 바란다고 이야기했습니다.

말은 그렇게 했지만 요즘은 친구 사귀기가 훨씬 어려워진 것 같습니다. 사람과 사람 사이의 칸막이도 많아졌고, 경쟁도 심해졌고, 서로에게뿐 아니라 스스로에게 관심을 둘 여유도 없는 지경이지요. 어쩌다 힘들다는 이야기를 털어놓으면 돌고 돌아 '걔 요즘 한가한가봐' 하는 소리가 들려오기도 한다니 우리는 각자의 칸막이 안에서 더욱 고독해지는 것만 같고, 사람에게 기대는 것은 상처 입는 길이라는 생각이 들기도 합니다.

하지만 저는 그래도 사람인 것 같습니다. 단번에 만날 수 없을 뿐, 길을 걷다보면 결국은 내가 어떤 모습이든 있는 그대로의 나를 지지해주는 친구를 만나게 되는 것이 세상사라는 생각입니다. 그래서 우리가 할 일은 남의 시선이 아닌 나의 시선으로 나를 아끼고, 내가 어떤 사람인지에 귀 기울이고, 용기 내어 나의 걸음을 한 발짝 내딛는 것이라고 생각합니다. 그 속에서 나를 성장시켜

언니의 따뜻한 말 한마디

주는 친구들을 만나게 될 거라고 믿습니다.

　글을 쓰는 동안 친구를 만나는 기분이었습니다. 직장생활의 고민을 나누던 시간, 오후의 나른함을 수다로 깨우던 시간을 떠올리며 편안한 마음이었습니다. 이 책이 독자 여러분께도 친구를 만나는 편안함으로 다가갔으면 좋겠습니다. 있는 그대로의 나를 아끼고 내 걸음을 내딛는 데 조금이나마 힘이 되었으면 좋겠습니다.

　이런 이야기는 널리 알려야 한다며 글을 쓸 엄두를 내도록 만들어주고, 자신 없어 할 때마다 미사여구나 어려운 말 필요 없다며 격려해주고, 자신의 일처럼 원고를 봐주며 글쓰는 재미를 느끼게 해준 많은 분들께 지면을 빌어 감사를 전합니다.

2016년 11월

윤정연

차례

1장

21세기
직장인 마인드,
완벽과 열정은
가라!

주인의식은 주인만 갖는 거다

오너가 노는 직원을 못마땅해 하는 거야 당연하지만,
직원이 왜 오너십을 발휘하고 난리일까?

월 150만 원을 받으며 계약직으로 일하는 친구가 있다. 만
나자마자 일이 너무 많다며, 도저히 견딜 수 없어 며칠 전
팀장한테 강력하게 항의했는데 달라지는 게 하나도 없다고
씩씩거린다. 계약직인 자신에게 일을 다 떠밀고 팽팽 노는
사람 천지란다.

나는 "너도 놀아." 했고 친구는 "내가 그걸 못하잖아." 한
다. 그래도 친구는 나를 익히 알기에 "직장에 왔으면 일을
해야 하는 게 기본"이라는 따위의 답답한 소리는 하지 않
았다. 그럼에도 팀장이 업무 조정을 해줘야 한다기에 나는
이렇게 말했다.

"팀장이 뭐하러 조정을 해. 팀 잘 돌아가고 있구먼. 150만

원짜리 계약직이 다 맡아서 척척 처리하는데 뭐가 답답해서 조정을 해. 네가 펑펑 펑크를 내줘야 안 되겠다 하고 조정을 하지."
친구는 "어휴, 그렇지. 말은 맞는 말인데 내가 그걸 못하네." 한다.

계약직의 처지를 몰라서 하는 말 같은가? 나 역시 계약직으로 몇 년 동안 일했으니 아주 모른다 할 수는 없다. 다만, 이 글의 주제는 계약직의 어려움에 관한 것이 아니므로 다른 글에서 적기로 하겠다. 다시 돌아가, 이 친구는 계약직이기는 하지만 도와달라는 부탁을 받고 올해까지만 일하기로 한 터라 완전한 '을'로 볼 수도 없고, 그곳에서 정규직 전환을 바라볼 상황도 아니다. 그런데도 일을 혼자서 다 끌어안고 놓지 못하는 것이다.

이 친구는 정규직으로 일할 때도 똑같았다. '노는 직원'을 인정하지 못했다. 이 친구가 특별한 사람일까? 그렇지 않다. 사람들과 이야기를 나누다보면 90% 이상의 사람들이 '직장에 왔으면 일을 해야 한다'거나 '월급 받는 만큼은 일을 해야 한다'는 신념을 갖고 있다.

생각하면 기막힌 일이다. 오너가 노는 직원을 못마땅해 하는 거야 당연하지만, 직원이 왜 오너십을 발휘하고 난리일까? 우리는 얼마나 철저히 세뇌되어 있는 것인지 기가 막힌다. 철학자 강신주는 이러한 현실을 두고 "옛날의 노예들은 탈출이라도 꿈꿨는데,

요즘 노예들은 어떻게든 농장에 들어가려 근육 만들기(스펙 쌓기)를 한다."고 개탄했다.

반대로 모두 바쁜데 나만 한가한 것 같아서 불안한 것도 실은 같은 맥락이다.

> 한창 바쁠 때 우리 팀으로 A가 발령을 받아 왔다. 사업이 진행 중이다 보니 A는 지원업무 외에는 이렇다 할 일이 없는 채 한 달을 보내게 됐다. 바쁜 우리들 사이에서 소외감을 느끼는 듯하더니 어느 날 아직 제대로 된 일을 못하고 있어 마음이 불편하다며 속을 털어놓았다. 나는 "너 일 없는 걸 왜 네가 걱정해. 팀장이 걱정해야지. 놀아, 그냥." 하고 대답했다.

A 역시 직장에서는 일을 해야 한다는 신념이 있는 터라 내 대답이 위로가 안 됐겠지만 적어도 나는 진심이었다. 일이 없으면 좀 놀다가 일이 맡겨지면 다시 열심히 하면 되는 것 아닌가. 어차피 내가 일해 번 돈이 다 내 돈도 아닌 것을. 강신주 식으로 말하면 "주인집 농장에 목화 열매 안 달리는 걸 노예가 걱정하는"것에 다름 아니다.

내게는 20년 넘은 멘토가 있다. 첫 직장에서 만난 분인데 언제나 다른 시각에서 나를 각성시켜주는 분이다. 그분이 20년 전에 이런 이야기를 했다.

"제발 주인의식 좀 버려. 너희들이 이 회사 주인이야? 주인도 아닌데 왜 주인의식들을 갖고 그래. 너네는 종업원의식을 가지란 말야."

"직원이 다 일만 해야 하나? 일 잘하는 놈도 있고, 일 못해도 엔터테이너 기질이 뛰어난 놈도 있고, 뺀질대면서도 팀워크 빌딩은 잘하는 놈도 있다. 다 쓰임이 있고 어울려 굴러가는 거지, 어떻게 다 일만 하나."

그 말을 들은 것은 1990년대 중반이었다. 2~3년차 새내기인 우리는 전혀 이해하지 못했다. 그때야말로 주인의식을 갖고 모두가 열심히 일하는 것이 선(善)인 줄 알던 때 아닌가. 몇 년이 지나고 나서야 그분이 요즘으로 치면 팔로워십(followership)을 가지라는 얘기를 한 거였고, 조직관리 마인드에 대해 얘기한 것임을 알았다. 여전히 조직에 대한 충성을 기반으로 유능한 직원이 되는 요건에 대해 이야기한 것이기는 했지만, 어쨌거나 직원이라고 다 일만 해야 하는 것은 아니며 '주인의식은 주인이 갖는 것'이라는 각성은 내게 엄청난 생각의 전환을 가져왔다.

나는 누구의 주인인가. 나는 나의 주인이다. 그러니 내가 원하는 것, 내가 생각하는 것들에 집중하고 중심을 잡는 것이 중요하다. 그런데 그게 어려워 우리는 남의 눈의 노예 또는 회사의 노예로 살고 마는 것일 터다. 일과 회사에서 벗어나서 나를 찾으라는 이야기는 아니다. 일과 회사를 대할 때도 내 중심을 잃지 않으려는 노력이 엄청나게 중요하다는 이야기를 하는 것이다. 직장에 다니는 이상, 월급을 받는 이상 일을 해야 한다고 무작정 믿지 않았으면 좋겠다. 그것이 전제가 되어버리면 정작 나는 없어지기 때문이다. 전제가 그러하니 내가 할 일도 뻔하다. 앞에서 말한 내 친구도, 동료 A도 결국 일을 해야만 한다는 결론 말고는 없지 않겠나.

'직장에서 월급 받으면 일해야지! 그게 싫으면 나가야지!' 이런 주인의식은 주인만 갖는 것으로 하자. 그리고 나에게는 계속해서 질문을 던져보자. 어차피 세상이 그렇다거나 내가 할 수 있는 게 없을 거라는 섣부른 전제에서 벗어나 내가 할 수 있는 선택에 대해, 내가 회피하고 있는 선택에 대해, 내가 두려워하는 선택에 대해 나를 중심에 두고 자문하다 보면 조금은 나은 결론에 닿을 수 있지 않을까?

저는 최 참판 댁 소작농이 아닌뎁쇼

다 같은 소작농인데, 저 자발적 충성심은
어디에서 비롯된 것인가

21세기임에도, 여전히 봉건적인 조직 마인드를 가진 사람들이 많다. 근로계약으로 맺어진 관계인데 하급자가 상급자에게, 또는 직원이 회사에 전인적으로 구속되어 있다고 믿는 사람들 말이다. 이들이 직장에서 자주 하는 말은 충성과 헌신 같은 것들이다. 어쩌다 이런 사람을 상급자로 만나면 괴로움은 배가 된다.

새로 입사한 곳의 관리부장 A는 회사에 대한 무한한 충성심을 갖고 있었다. 회사 매출이 안 나올 때면 주말에 나와 고사를 지내는 정성을 보일 정도였다. A에게 회사의 발전이란 곧 자신의 발전을 의미했다. 그리고 직원들에게도 똑같이 '무한 충성'을 요구했다. 직원은 회사에 충성할 뿐, 아무엇도 바라서는 안 되었다. 뭔가 의견을 내면 당장 밉상 취급이었다. '회사에 감사하고 충성할 일이지·감히 의견을 내?!' 하는 문화가 암묵적으로, 그러나 분명히 존재했다.

입사해서 탕비실 냉장고를 열었더니 흰 우유들이 서너 팩 있었다. 직원들 마시라고 배달시키는 것인데 안 마셔서 밀려 있는 거란다. 나는 커피우유를 만들어 먹기 시작했고 직원들 사이에 유행이 되었다. 이제 우유는 출근 30분 만에 동나기 시작했다. 마침 탕비실에서 만난 관리팀 직원에게 한 팩 더 주문하면 좋겠다고 제안했다.

관리부장 A는 그날로 우유 배달을 중지시켰다. '배달시켜주는 것만으로도 황송해해야 마땅한데 한 팩 더 주문하라니!' 했던 것이다. 나는 그 후에도 소소한 의견을 냈었는데, 관리부장은 의견의 내용이 문제가 아니라 회사가 하는 일에 '왜?'라는 의문을 품는 것 자체를 못마땅해 했다.

내가 A의 마음에 안 든 것은 그럴 수 있겠는데, 직원들 중에도 나를 마뜩찮아 하는 이들이 있었다. '쟤는 무슨 불만이 저렇게 많아?' 하는 눈초리들 말이다. 한번은 사무실로 취재를 온 기자가 제품이 좋아 보인다며 구매를 원했다. 기자의 카드를 받아 들고 관리팀에 가서 2만 5천 원 결제를 요청했더니 직원은 한숨을 푹 쉬고는 꺼내던 카드 단말기에 다시 덮개를 씌워 집어넣으며 이렇게 말한다.

"사장님도 5만 원 이하는 현금 결제하시거든요."

기준이 사장님이다. 카드 수수료 때문이라던가 원활한 회계 처리를 위해서라던가 하는 이유가 아니다.

　나는 이런 사고가 정말 힘들었다. 회사와 자신을 동일시하는 관리부장도 이해가 안 됐지만 그 문화에 젖어 있는 직원들에게도 이질감이 느껴졌다. 박경리의 소설 『토지』가 생각나곤 했다. 정말 재미있게 읽은 소설이지만, 최 참판 댁 소작농들이 주인집에 보이는 맹목적인 충성에 대해서는 늘 의문이 들었었다. 예컨대, 최 참판 댁에 해를 끼친 사람은 마을 전체의 미움을 받는 상황 같은 것 말이다. 다 같은 소작농인데, 저 자발적 충성심은 어디에서 비롯된 것인가 하는 의문이 있었다. 아마 '주인을 섬겨야 한다'는 당대의 도덕이 사람들을 맹목적으로 만들었을 터이다. 하지만 지금은 그런 도덕률도, 섬겨야 할 주인도 없는 21세기 아닌가 말이다.

　상급자 B는 직원들에게 헌신을 강조했다. 출근 첫날 면담 비슷한 자리에서 나의 출퇴근 거리가 상당히 멀다는 보고를 받았다며 "어때요? 출근하는 데 얼마나 걸리던가요?" 묻는다. 나는 막히기도 해서 2시간 가까이 걸리더라, 내일은 다른 길로 와봐야겠다고 대답을 했다. B는 표정이 싸늘해지더니 "아무리 오래 걸려도 힘들지 않고, 내일부터 더욱 일찍 출발하겠다고 대답하는 게 직장인의 자세"라고 일갈한다. 겪어보니 B는 입에 달고 사는 말이 '헌신'이다. 수시로 '요즘 직원들은 헌신이 없다'고 한탄을 하곤 했다.

관리자가 왜 필요한가. 직원들에게 적절한 동기부여를 해서 생산성을 높이라고 만들어둔 자리 아닌가. 직원들이 모두 헌신적이라면 관리자가 무슨 필요가 있겠는가. 직원들의 헌신이 아쉽게 느껴지는 것은 결국 자신이 직원들에게 동기부여를 제대로 못하고 있기 때문이다. 전적으로 자신이 문제인 것이다. 자신이 무능한 것이다. 그런데도 시대착오적인 발상으로 '헌신'을 부르짖는 관리자가 여전히 많다.

더구나 이것은 관리자 개인이 욕먹고 말면 될 문제도 아니다. 충성이나 헌신을 강요하면 그것은 직원들의 입을 틀어막는 결과로 이어질 수밖에 없다. 조직은 경직되고 창의성이 발현될 여지도 없어진다. 당연히 성과도 기대하기 어렵게 된다.

S그룹 인사팀 관계자들을 만날 일이 있었다. 최근 들어 개인주의 성향의 신참 직원들을 기존 방식으로 관리하다 갈등을 빚는 일이 잦다고 한다. 팀장은 늘 하던 대로 "오늘 저녁 회식하지." 했는데 말단 직원들이 선약이 있다는 대답을 '천연덕스럽게' 한다는 예를 든다. 사소하지만 '옛날식' 관리자들 입장에서는 충격이라며 괜히 버럭 했다간 갈등만 커지기 때문에 이제 바뀐 환경에 맞춰 매니지먼트를 해야 한다는 관리자용 교육 프로그램을 개발 중이라고 한다. 요즘 사람들이 문제라는 인식은 보이지 않았다.

그게 벌써 7~8년 전의 일이다. 왜 이런 것까지 재벌 그룹들이 앞서 가는 것인지 슬쩍 못마땅한 마음이 들었다.

다시 내 이야기로 돌아와, 대기업에 속해 있지 않은 우리는 스스로 진화할 수밖에 없다. 직원들에게 충성과 헌신을 요구하지 말자. 충성을 다해 헌신적으로 일했던 당신의 과거는 잊어야 한다. 이제는 어떻게 하면 직원들이 몰입할 수 있는지를 고민해야 하는 시대다.

열정 같은 소리 하고 있네

어쨌든 직원들의 열정이 필요하니까 자꾸 열정이 중요하다고
떠드는 것일 텐데, 그렇다면 필요한 사람이 열정을 끌어낼 방법을
고민해야 하는 것 아닐까?

일간지에 연재되는 CEO 칼럼에 얼마 전 그만둔 전 직장의 대
표가 등장했다. 그 직장은 내 인생에서 세 손가락 안에 꼽힐 만큼
힘든 시기를 선사한 곳인데, 칼럼을 읽으며 이유를 알게 됐다.

대표는 열정을 매우 중요하게 생각하고 있었다. 열정. 좋은 말이
다. 그런데, 그 앞에는 '어떤 열악한 조건과 부당한 대우에도 불구
하고 끝내 발휘하는 열정'이라는 말이 생략되어 있었다. 다시 말
해, 나는 아무렇게나 대하더라도 세상이 다 그런 법이니 너는 군
소리 말고 열정을 보이라는 이야기다.

두 번째로 대표는 시비지심을 중요하게 생각하고 있었다. 직장
에서 좋은 게 좋다는 안 된다는 것이다. 문제가 어디에서 발생했
는지를 명확히 하고 누구의 책임인가를 분명히 하는 것이 중요하

다고 주장하고 있었다. 주변의 만류는 '대충 넘기자'는 것으로 치부하는 인식도 드러내고 있었다. 같은 문제가 되풀이되는 것을 막자면 치사하고 옹졸해 보이더라도 옳고 그름을 가려야 한다는 것이다. 물론, 같은 문제가 되풀이되는 것은 곤란하다. 하지만, 그 방법이 꼭 책임소재를 가리는 방식이어야 하는 걸까? 대안을 찾는 방식으로 접근하면 왜 안 되는 걸까?

대표가 중요하게 생각하는 2가지 모두가 나와는 맞지 않았다. 나는 무턱대고 요구하는 열정도 어이가 없었고, 말 한마디 하는 것에도 눈치 보고 잘잘못을 따지는 경직된 회사 분위기도 숨이 막혔다. 다른 직장이 구해지지 않아 1년 반을 다녔는데 다니는 내내 배앓이를 달고 살았고 피부는 엉망진창이 되었다.

출근해서 자리에 앉아 있는데 영업부 이사님이 내 자리를 지나치며 "어제 뒤에 창문 안 닫고 갔더라. 문단속 잘 하고 퇴근해요" 한다. 나는 "네." 하고 답했는데, 동료가 화들짝 놀라 내게 다가와서는 "어제 일찍 퇴근했잖아요. 문단속 안 하고 간 건 야근한 아무개 주임일 텐데 왜 그냥 대답했어요. 아우, 이제 큰일 났다, 어떡해!" 하며 걱정이다.
"아니, 문단속 잘 하라는 얘기잖아요. 그래서 잘 하겠다고 한 건데……. 내가 우리 팀에 공유하면 되지 않아요?"
동료는 그렇게 간단한 문제가 아니라며 아무개 주임이 출근하자 어떻게 된 일이냐 따지며 법석을 떨었다. 실제로 회사 차원에서 문단속의 책임 소재를 가리는 일은 일어나지 않았다. 하지만, 그곳의 분위기는 매사 이랬다.

"배송 스티커 어디에 있죠?"

"늘 있는 곳에요."

"거기가 어딘데요?"

"전에 말씀드린 곳이요."

내가 내 귀로 직접 들은 대화다. 둘이 사이가 안 좋아서 이러는 게 아니다. 이렇게 대화하는 게 안전하기 때문에 자기도 모르는 사이에 습관이 되어버린 것이다. 대표의 칼럼을 읽기 전까지 나는 직원들이 이상하다고 생각했었다. 그런데, 아니었다. 문제가 생겼을 때 발생 원인과 책임소재를 가리는 대표의 방식이 만들어낸 그곳의 '문화'였던 것이다. 그저 대표의 의도를 오해해서 벌어진 해프닝이라고 치부하기에는 심각하지 않은가.

이런 분위기에서의 열정은 무엇을 말하는 것일까. 어쨌든 직원들의 열정이 필요하니까 자꾸 열정이 중요하다고 떠드는 것일 텐데, 그렇다면 필요한 사람이 열정을 끌어낼 방법을 고민해야 하는 것 아닐까? 전 직장 대표의 칼럼을 읽으며 내 열정을 끌어내기 위해 당신은 무엇을 했냐고 묻고 싶었다.

얼마 전, 아침부터 친구가 의논을 해왔다. 행사가 코앞이라 정신없이 바쁜데 밑에 직원이 아파서 못 나온다고 문자를 보냈단다.

"오후에라도 나오게 하면 어떨까?"

1장. 21세기 직장인 마인드, 완벽과 열정은 가라!

친구가 물었다.

"오후에라도 나오면 그 직원은 뭐가 이득인데?"

나의 질문에 친구는 크게 웃었다.

'그동안 무리했나보다, 푹 쉬고 내일 보자'라고 문자를 보냈더니 오후에 출근을 했더란다. 무엇이 직원의 마음을 움직였을까.

나 역시도 20여 년 전 직장생활을 처음 시작했을 때에는 회사가 요구한다면 열정이든 헌신이든 충성이든 다 바치자는 생각이었다. 그랬는데도 선배들은 "요즘 신입들은……" 하며 못마땅해 했다. 억울해 하기는커녕 "열심히 하겠습니다!"를 외치며 자세를 가다듬었더랬다. 이제 강산이 두 번 변할 만큼의 시간이 흘렀다. 시대도, 환경도, 사람도, 모두 변했다. 변하지 않은 건 여전히 일방적으로 열정이나 헌신 따위를 요구하는 당신뿐일지도 모른다.

언니의 따뜻한 말 한마디

당신은 **그렇게**
중요한 사람이 아니다

출근을 안 해버리는 것은 미숙하기 때문일 수도 있고,
두렵기 때문일 수도 있을 것 같다. 하지만 담담하게 부딪쳐 보라고
말하고 싶다. 막상 부딪쳐보면 생각만큼
높은 산이 아닌 경우가 훨씬 더 많다.

"어떡해요, 지각을 해버렸어요. 나중에 팀장님한테 뭐라고
말하죠?"

출근하자마자 후배가 연락을 해왔다. 소속팀 전체가 매달
린 프로젝트를 간부들 앞에서 프레젠테이션하는 날인데, 긴
장한 채 늦게 잠들었다가 아예 지각을 해버렸단다. 정각 9
시에 프레젠테이션은 이미 시작됐고, 팀에서 막내인 후배는
회의실에는 들어갈 엄두도 못 내고, 빈 사무실에서 발만 동
동 구르고 있는 참이었다. 이따가 팀장님 나오면 뭐라고 하
는 게 좋겠냐며, '긴장을 너무 한 탓에 새벽녘에 잠들었다
알람을 놓쳤다'고 해야 할지, '출근길에 교통사고가 나서 버
스가 안 움직였다'고 해야 할지 등등……. 이런 경우 뭔가

27

윗사람들에게 양해를 구할 수 있을 만한 '모범답안'이 없는 지 SOS를 해온 것이다.

직장인이라면 누구나 한 번쯤은 겪을 법한 일이다. 이런 경우 어설픈 변명보다는 정공법이 백배 낫다. 그냥 팀장에게 가서 "죄송합니다. 드릴 말씀이 없습니다. 정말 죄송합니다."라고 하는 것이 최선이다. 지각한 이유에 대한 구차한 변명을 듣고 싶어 하는 이는 아무도 없기 때문이다.

무조건 백배사죄한 후에는 "프리젠테이션은 잘 마치셨는지"를 반드시 물어야 한다. 팀원으로서 공동 프로젝트에 관심을 갖는 태도는 중요하다. 그리고 "다른 동료들에게도 사과하겠다."는 말과 "도울 일이 있는지는 대리님에게 듣겠다."는 말을 덧붙여야 한다.

팀장한테만 죄송하다고 하고 끝낼 일이 아니다. 팀장이 괜찮다고 하면 그만일 일도 아니다. 함께한 동료들을 생각하는 것은 직장생활을 하는 내내 필요한 자세다. 또한, 팀장한테 시시콜콜 프리젠테이션 상황을 들을 수도 없는 일 아닌가. 동료들에게도 사과하고 후속작업 설명 듣고 얼른 프로젝트의 일원으로 돌아가는 것이 중요하다.

사실 위와 같은 상황이 말단 입장에서야 청천벽력 같겠지만 윗사람 입장에서는 '있을 수 없는 일'까지는 아닐 수 있다. 직접 프리젠테이션을 할 연차도 아니고 결국은 '병풍' 내지 '박수부대'인데, 말단 한 명쯤 빠진다고 무슨 티가 나겠는가. 프리젠테이션을 막 마친 팀장의 머릿속은 언뜻 스쳤던 본부장의 알 수 없는 표정과 대표의 아리송한 코멘트로 꽉 차 있을 가능성이 아주 높다. 거기다 대고 "버스가 사고가 나서……."라며 들이대는 건 코미디다.

사회생활을 하다보면 누구나 사고는 칠 수 있다. 중요한 건 사고를 친 다음에 어떻게 수습을 하느냐이다. 구차한 변명에 시간과 에너지를 쏟을 것인지, 얼른 사죄하고 만회할 수 있는 최선의 조치를 할 것인지가 중요하다. 후배는 그대로 했고, 정말 효과가 있었고 잘 넘어갔다며 좋아했다. 만약 이런저런 변명을 했더라면 우스워질 뻔한 분위기였다고 덧붙이기도 했다. 나는 후배를 대견하게 생각했는데, 그 상황에서 그래도 출근할 생각을 했다는 것 때문이었다. 그런 경우 건강상의 이유 등을 대며 아예 며칠 출근을 안 해버리는 동료들을 꽤 많이 봐온 탓이었다.

출근을 안 해버리는 것은 미숙하기 때문일 수도 있고, 두렵기 때문일 수도 있을 것 같다. 하지만 담담하게 부딪쳐 보라고 말하고 싶다. 막상 부딪쳐보면 생각만큼 높은 산이 아닌 경우가 훨씬 더 많다. 무엇보다 신참인 당신은 직장 내에서 그렇게 중요한 존재가 아니다. 어쩌면 당신이 프레젠테이션 자리에 없었는지조차 모를 수도 있다. 그러니 부딪혀라. 신참이 죄송하다는데 뭐 어쩌겠는가.

완벽주의, 개나 줘버려!

신참일 때는 완벽한 일처리로 좋은 평가를 받았던 사람들이
그 성공 경험과 평판에 갇혀 점점 미시적이고 방어적으로 변하다
이내 도태되는 경우를 너무나 많이 봤다.

직장에서 '완벽주의자'라고 하면 어떤 이미지가 떠오르는가. 나는 웬만하면 일을 맡지 않으려 하고, 맡은 일에서도 문서의 오타나 일정 체크를 하는 것으로 일 다 한 듯하는 사람들의 이미지가 떠오른다. 완벽주의자가 아니라 무능력자 이야기 아니냐고? 그렇지 않다.

모든 일을 완벽하게 해내려는 사람들이 몇 년 후 현실에서는 무능력자가 되어 있기 십상이다. 신참일 때와 달리 연차가 쌓일수록 실패의 부담을 안아야 할 일들이 생기는데, 완벽주의자들은 그런 일은 어떻게든 맡지 않으려 하면서 신참 때의 수준에 머물고 말기 때문이다.

실제로 헤드헌팅 회사에 다니는 지인은 내게 이렇게 말했다.

"과장급 찾는데 일 진짜 완벽하게 잘하는 사람이라고 추천받으면 무조건 안 써. 과장급부터는 실패하더라도 일을 만들고 벌여야 하는데, 완벽주의자들은 실패 가능성을 너무 부담스러워하면서 백 가지 이유를 대고는 일을 안 받아. 그래서 완벽주의자들 안 뽑아."

관계기관에서 오는 공문을 접수하고 공람하는 일이 많았던 직장에서의 경험이다. 예컨대, 지자체에서 발송한 〈여름철 에너지 절약 지침 안내〉 같은 문서들이다. 나는 제목 정도만 읽고 공람 서명을 했다. 그런데 새로 온 옆 팀장이 첫날부터 두어 시간 넘게 공람 서류를 붙들고 있더니 내게 미팅을 청했다. 20여 개의 공람 서류에는 포스트잇이 빼곡히 붙어 있고, 날짜 틀림, 오타, 붙임문서 없음, 문서번호 오류 등이 표시돼 있다.

새 팀장은 결연한 표정으로 묻는다.

"이런 문서를 그냥 접수한 우리 팀 담당자도 혼을 내겠지만, 팀장님(나)도 어떻게 이런 서류에 서명을 하실 수가 있어요?"

나도 혼 좀 나야 한다는 뜻으로 들렸다.

나는 이렇게 설명했다.

"문서의 성격을 먼저 보세요. 이 문서는 타 기관에서 발송한 문서예요. 내게 결재를 요청한 게 아니라 우리 기관에 접수하라고 보낸 문서잖아요. 그러니 접수하고 공람하면 돼요. 혹시 접수 문서에 근거해서 우리가 뭔가 집행해야 할 일이 있으면 우리 내부 결재를 거치겠죠. 저는 그 단계에서 챙기면 돼요. 오타 있다고 지자체에 오타 수정해서 공문 다시 보내라고 지시할 거 아니잖아요."

상대는 서둘러 다른 화제로 넘어가고 만다. 아마도 그 치밀함과 완벽함으로 새 팀장으로서의 일성을 고하고 싶었던 것 같다. 오타처럼 꼼짝없는 실수는 사람을 당황하게 만들기 마련이니 그동안은 그런 방식이 잘 통했을 수 있다.

오전 내내 오타를 찾고 있을 게 아니라 일의 성격, 중요성, 이 일의 처리에 내가 할애해야 할 에너지의 정도 등을 빠르게 파악하고 판단해야 하는데, 새 팀장은 그 후에도 가장 손쉬우면서 완벽히 일한다는 자기만족을 가져다주는 오타나 줄 간격, 마감 일정 체크 같은 것에 자꾸 손을 댔다. 새 팀장과 업무 대화를 해보니 밑천이 그대로 드러났다. 스스로 자신 있는 범위 내에서만 업무 구상을 하는데, 자신 있는 범위가 워낙 좁다보니 신참 대리와 이야기를 나누는 것 같을 정도였다.

사업 감사를 받기 전 지난 1년간의 서류를 미리 점검해야 했던 일이 있다. 평소 '완벽주의'로 명성(?)이 높은 A팀장은 직원들을 독려해 몇날며칠 야근을 하며 서류들을 점검했고, 마감일에 보니 산더미 같은 서류에 깨알 같은 포스트잇이 붙어 있었다. 들춰보니 '날짜 오기', '서명 날인 누락', '기한 이후 처리' 등이 적혀 있다. 마침 본부장이 사무실을 방문해 보고를 원했다.

A팀장은 "작년 담당자들이 실수가 많았네요. 직원들이 고생해서 서류들 일일이 점검했고요, 보완해두어야 할 사항이 꽤 있습니다. 한 번 보시겠습니까?" 한다. 본부장은 포스트잇이 잔뜩 붙은 산더미 같은 서류를 흘깃 보고 만다.

반면, 별 준비를 하지 않는 것으로 보였던 B팀장은 "크게 지적받을 사항은 없어 보입니다. 2천만 원 넘는 사업을 공고 없이 계약한 건이 있는데, 관련법에 따라 집행한 것임을 설명하면 되고요, 나머지 날짜 오기나 마감 시한을 넘겨 처리한 서류들은 예년의 경우도 단순 실수로 지적 없이 넘어갔기 때문에 따로 보완은 하지 않을 예정입니다."라고 보고를 마쳤다.

A팀장이 자기 수준에서 열심히 완벽하게 준비 중이라는 이야기를 한 반면, B팀장은 무엇을 준비해야 하는지 맥락을 살피고 그에 대한 자기 판단을 이야기했다는 데서 차이가 컸다. 본부장이 평소 A팀장을 못미더워 하는 이유를 알 법했다.

신참일 때는 완벽한 일처리로 좋은 평가를 받았던 사람들이 그 성공 경험과 평판에 갇혀 점점 미시적이고 방어적으로 변하다 이

1장. 21세기 직장인 마인드, 완벽과 열정은 가라!

내 도태되는 경우를 너무나 많이 봤다. '완벽주의자'들을 만날 때마다 오타는 그만 보라고, 지금 그게 중요한 게 아니라고, 겁내지 말고 판단을 하라고, 실패해도 괜찮으니 새로운 업무에 도전해보라고 채근하는데 연차가 있는 사람들일수록 변신의 여지가 없다.

예전 나의 팀장이 늘 하던 말이 있다.

"야구에서 3할 타자가 뭐야. 열 번 타석에 들어서서 세 번 안타 치는 선수지. 다시 말하면 일곱 번은 '실패'하는 선수인데 그거면 아주 잘한다고 하는 거거든. 실패해도 되니까 일을 벌여. 3할 타자가 되는 걸 목표로 해."

완벽이 선(善)이 아니다. 실패를 경험해야만 다른 방식의 대처가 가능하다. 그 과정에서 진화하는 것이다. 그러니 제발, 완벽주의를 벗어던졌으면 좋겠다.

'상처받았다'는 말을
좋아하지 않는 이유

상처받지 말자. 상처입고 슬퍼하며 위로를 기다리는 수동적인
내가 되도록 내버려두지 말자. 상처라는 프레임에 갇혀
나를 성장시킬 기회를 놓치지 말자.

'상처받았다'는 말을 좋아하지 않는다. 누군가의 입에서 그 말이 나오는 순간, 할 수 있는 게 아무것도 없어지기 때문이다. 왜 이런 상황이 벌어졌는지 합리적으로 따지는 것도, 가해자로 지목된 사람의 입장을 객관성을 유지하며 듣는 것도, 나름의 내 판단을 이야기하는 것도 모두 어려워진다.

누군가 상처받았다고 하는 순간 그 사람은 피해자가 되고 나머지는 가해자 또는 가해 상황을 동조 내지 방치한 사람들이 되는 구조가 만들어지기 때문이다. 거기다 대고 '그게 뭐 상처 입을 일이야'라고 말하는 건 불난 집에 기름 들이붓는 격이 된다. 간혹, 상처받았다고 말하는 순간 어떤 권력을 획득하는 것처럼 보일 때도 있을 정도다. 한번 상상해보자. 팀에서 멀쩡히 지내던 누군가가

나 때문에 상처받았다며 훌쩍이기 시작하는 상황을.

　주변을 둘러보면 온통 상처받았다는 사람들뿐이다. 내가 누군가에게 상처를 주었다는 사람을 본 일이 없다. "대한민국에는 온통 상처받은 사람들뿐이야. 대체 상처를 준 사람들은 어디 있는 거야?"라며 웃은 적이 있다. 그래서인지 우리는 누군가 나 때문에 상처받았다고 훌쩍이는 상황은 좀처럼 상상하지 않는 것 같다.

　　노조 일을 했을 때의 경험이다. 이용자 게시판 관리 업무를 담당하는 직원 A가 초췌한 얼굴로 찾아왔다. 고객이 게시판에 자신에 대한 성희롱 글을 올려서 충격을 받았으며, 팀 동료들의 무심한 대처에 상처받았다는 이야기였다. 문제의 글도 자기가 삭제해야 한다고 하니 미적거리다 삭제했고, 그 후의 반응도 유난 떤다는 식이라며 어찌해야 좋을지를 물어왔다. 게시글의 내용은 차마 입에 올릴 수 없을 정도라고 했다.

　나는 '상처받았다'는 그녀의 말 한마디에 객관성과 합리성을 잃었다. 다른 사람들의 입장이나 기본적인 사실 확인을 소홀히 한 것이다. 우선 회사가 정한 성희롱 고충상담 절차를 밟고 그래도 부족하면 다시 의논하기로 했다. 나는 고충 상담원에게 빠른 처리와 강력한 대처를 주문했다. 상담원도 생각이 같았고, 피해자 입장에서 회복을 최우선에 두고 대표 면담을 추진해 직원 교육과 A의 부서 이동 등을 건의하겠다고 했다. 별다른 이야기가 들리지 않기에 '잘 마무리되었구나' 생각했다. 그리고 3~4년 후, 나는 A로부터 가해자로 지목되었다.

내가 A를 불러서는 무시하고 무서운 얼굴로 혼을 내 상처받았다며 펑펑 울더라는 이야기를 전해들은 것이다. 그 이야기를 전한 사람은 나와도 꽤 친한 사람이었다. 그런데 내 이야기는 들으려고도 하지 않았다. 나의 의도가 무엇이었든 A가 상처 입었다면 내게 뭔가 문제가 있었음이 분명하니 잘 생각해보라는 거였다. A와 한 팀이 된 지 고작 일주일쯤 됐을 때였고, 너무 바빠 자리에 앉을 새도 없이 지내던 차에 잠깐 여유가 생겨 차 한 잔 마시며 새 팀장에 대해 20분 간 담소를 나눈 게 전부였다. 그래서 A의 행동이 너무나 황당했다. 그러나 A의 눈물을 전해 듣고 나면 누구라도 '담소만 나눴겠어. 뭐가 더 있었겠지'라고 의심하는 게 내가 생각해도 너무나 자연스러운 거다.

아무리 생각해도 그럴 만한 뭔가는 떠오르지 않았다. 하지만 나는 곧바로 A에게 백배사죄했다. 과할 정도로 사죄했는데, 다시는 엮이지 않기 위한 일종의 '의식'이었다. 이런 나를 이해한 사람은 몇 년 전의 그 성희롱 고충상담원이었다. 당시 면담 자리에서 대표는 해당 팀의 보고도 받았는데 판단이 안 선다며 그 자리에서 문제의 게시글을 가져오라고 지시하더란다. 게시판에서는 삭제됐지만 서버에 저장돼 있던 글의 내용은 '게시판 담당자는 일 안 하나? 욕설 게시물이 이렇게 많은데 삭제도 안 하고 뭐 하는 거지?'

라는 짧은 글이었단다. 성희롱 고충상담원은 할 말을 잃었고 왜 사실 확인이나 팀 동료들의 입장을 들어볼 생각을 안 했는지 스스로도 어이가 없었다고 한다.

'상처'라는 프레임에 갇히면 발전적인 대화나 사고가 거의 불가능하다. 상처받았다며 조력자들의 뒤로 숨어 상황을 빠져나간 당사자는 말할 것도 없고, 제3자라는 사람들도 '피해자는 선하고 가해자는 악하다'라는 구도에서 자유롭기 어렵다.

철학자 고미숙은 "상처라는 담론 안에는 자신에 대한 관찰이 놀라울 만큼 빠져 있다."고 통렬하게 지적한다. '상처'라는 프레임 안에서는 다른 이들 모두가 주체적으로 움직이는 동안 자신은 아무 하는 것 없는 피해자로 덩그러니 놓이게 마련이라는 것이다. 이것은 사실과 부합하지도 않을 뿐더러 개인의 성장에도 아무런 도움이 되지 않는다는 이야기다.

나는 '상처받았다'는 말을 좋아하지 않는다. 대신, '자극받았다'는 말을 쓰자고 이야기한다. 그 사람으로 인해 내가 어떤 자극을 받았고 어떻게 좀 더 성장하게 됐는지 이야기하는 쪽이 훨씬 더 나의 자존감을 높여준다. 상처받지 말자. 상처입고 슬퍼하며 위로를 기다리는 수동적인 내가 되도록 내버려두지 말자. 상처라는 프레임에 갇혀 나를 성장시킬 기회를 놓치지 말자. 세상을 살며 받게 되는 자극들을 성장의 자원으로 삼을지 도피의 명분으로 삼을지 여부는 전적으로 나의 몫이다.

아직도 인사는 공정해야 한다고
믿는 당신에게

성과평가제도에 목 매지 말자. 차라리 보상에 비해 페널티가
너무나 가혹하다거나 가혹한 페널티를 수용하는 대신 보상도
파격적이어야 한다고 주장하는 것이 합리적이다.

#1 일만 잘하면 되는 거 아니냐고?

연말, 성과평가의 시간이 돌아왔다. 직장 다니면서 만난 후배들
은 직장을 옮기고 나서도 연말이면 성과고과표 작성을 고심하며
자문을 구하곤 한다. 그때마다 나는 "어차피 너희 팀장들은 이미
너희 고과 등급 다 정했어. 그거 열심히 써봤자 소용없어."라고 답
하곤 한다.

직원에 대한 평가가 어떻게 종이 한 장으로 이루어지겠는가. 1
년을 같이 보내며 서서히 이루어지는 것이 평가 아니겠나. 팀원들
이 작성한 성과표를 받기 이전에 이미 마음속에 순서가 정해져 있
는 경우가 대부분이다. 문서를 보며 간혹 '아 맞다! 이 친구가 이

업무도 했었지' 상기하는 경우도 더러 있지만 그렇다고 미리 정해 둔 순서가 뒤바뀌는 일은 흔치 않다.

성과평가에 대한 더 큰 오해는 따로 있다. 쉽게 말해 '일만 잘하면 된다'는 생각이다. 성과평가제도는 말 그대로 성과를 평가받는 제도이다. 그런데, '성과'를 무엇으로 볼 것인가에서 저마다 생각이 다르다는 것이 맹점이다. 관리 경험이 없는 실무자들은 성과의 개념을 '내 책임으로 맡겨진 일의 결과'로 좁게 해석한다. 반면, 관리 경험이 쌓일수록 일의 결과뿐 아니라 동료들과의 협력, 궂은 일을 분담하는 자세, 수용적인 태도 등을 '성과'의 범위에 포함하게 된다. 이렇게 적고 나니 신참 시절 '결국 처세나 아부가 평가를 좌우한다'고 불평했던 기억이 떠오른다. 그런데, 관리자 입장이 되니 달리 보이는 것들이 있었다.

A는 일을 맡기면 밤을 새워서라도 어떻게든 결과물을 내놓았다. 결과물도 늘 훌륭해서 주요 사업은 항상 A의 몫이었다. 그만큼 유세도 대단했다. 일이라는 게 연초에 분장한 대로 가지 않고 변경되거나 확대되고는 하는데 그때마다 푸닥거리를 해야 했다. 한 번은 혼자 시간을 잰 적도 있다. '예스'라는 답이 몇 분 만에 나오는지를 말이다.

어차피 자신이 할 일인데 A는 "부당하며, 매번 이런 식이면 어떻게 일하라는 건지 모르겠고, 지금까지 진행한 것은 어떻게 해야 하며, 지금껏 도와준 외부 업체들에게는 뭐라고 말하며……." 따위의 이야기를 다 쏟고 나서야 예스를 하곤 했다. 일하는 동안에도 자신이 가장 바쁘고 힘들다는 표정이다. 다른 동료나 팀 사정에는 눈곱만큼의 관심도 보이지 않는다. 나는 너무나 중요한 일을 맡고 있어 궂은일은 내 몫일 수가 없다는 생각이 겉으로도 드러났다.

B는 무슨 일을 맡든 세월아 네월아다. 그렇게 국을 끓이다 내놓는 결과물은 딱 욕먹지 않을 만큼의 수준이다. 그런데, 다른 동료들을 챙기고 다 같이 협력하는 분위기를 만드는 데 능했다. 주말 근무나 행사장에 동원돼야 하는 일이 생겼을 때 모두들 선약이 있다거나 처리할 일이 있다며 고사하는데 B는 "제가 하죠, 뭐." 하며 분위기를 바꿔준다. 그러면 반드시 한두 명의 지원자가 더 나서게 된다. 급작스럽게 떨어지는 업무를 맡겨도 늘 선선하다. 내년 사업계획이나 중장기 발전계획 같은 무거운 주제의 회의를 할 때도 B는 되든 안 되든 이런저런 제안을 하고, 다른 이의 제안에 살을 붙여 그럴듯하게 만들어내곤 했다. B가 있는 한, 모두가 입 다물고 멀뚱히 있는 회의는 상상할 수 없었다. 동료들 사이에서 인기도 높았고 상담사 역할도 하고 있었다.

A는 자신이 가장 높은 평가 점수를 받아야 마땅하다고 생각한다. B는 팀에 대한 기여도 면에서 A에게 뒤질 바 없다고 생각한다.

1장. 21세기 직장인 마인드, 완벽과 열정은 가라!

당신이 팀장이라면 누구에게 높은 점수를 주겠는가? 베스트 멤버로 팀을 꾸리는 건 실현 불가능하다. 각양각색의 팀원들과 일해야 되는데 팀장은 무슨 수를 쓰든 팀 퍼포먼스를 최대치로 만들어야 하는 입장이다. 팀 퍼포먼스는 '분위기'가 좌우하는 측면이 크다. 서로 협력하고 해내고자 하는 분위기에서는 팀 성과도 좋아진다. 반면, 네 일 내 일을 가르다보면 약간의 손해도 보기 싫어지면서 분위기는 가라앉는다. 그 속에서 한두 명의 고성과자가 나올 수 있을지는 몰라도 팀 자체의 성과를 기대하기는 어렵다. 그렇다보니 업무의 결과물은 좋지 않더라도 팀워크 빌딩에 기여하는 직원에게 후해지더라는 게 나의 경험이다.

물론 관리자들도 기준이 제각각이다. 하지만 어떤 관리자도 맡겨진 업무의 결과만 좋으면 된다고 생각하는 경우는 없다. 좋은 결과물은 기본이고 이것도 잘해야 하고 저것도 잘해야 한다며 끝없이 기준을 높여갈 수는 있어도 다른 거 다 필요 없고 일만 잘하면 된다고 생각하는 관리자는 정말 드물다. 요령이나 처세, 아부 따위를 요구하는 것이 아니다. 일 말고도 작용하는 요소가 너무나 많다는 이야기를 하는 것이다. 그래서, '일만 잘하면 되는 거 아니냐'는 질문에는 아니라고 답할 수밖에 없겠다.

그렇다면 대체 답이 뭐냐고?

사실 나는 성과평가에 목매지 말자는 입장이다. 그래서 이 제도가 얼마나 모순투성인지, 다른 방식의 동기부여 방법이 얼마나 많은지에 대해 글을 쓰고 싶었다. 몇몇과 이야기를 나누어보았는데 설득이 쉽지 않았다. 기본적으로, 일한 만큼 보상받고 싶고 그것이 정당한 일이라는 신념이 이미 우리 속에 단단히 박혀 있다는 것이 가장 큰 이유였다. 제도의 모순은 해결해나가야 하는 것이고, 평가자들은 사심 없이 최대한 공정한 평가를 위해 노력하는 것이 마땅하다는 의견들이었다.

사람들마다 '성과'의 정의가 다르다는 이야기를 먼저 해보기로 했다. 그러다 보면 대체 어느 장단에 춤을 춰야 하는 건지 헷갈리게 된다. 그때쯤, 다시 성과평가제도의 대안에 대해 이야기해볼 수 있을 것 같다.

#2 어느 장단에 춤을 출 것인가

직장생활 중 성과평가만큼 전 직원의 관심을 받는 이슈가 있을까. '성과'에 대해 실무자와 관리자의 생각이 많이 다르더라는 이야기를 했는데 실무자와 관리자도 그렇지만, 사실 관리자 간의 생각도 정말 제각각이다. 이것은 '인사재량권'이라는 말로 정당화되어 있기도 하다.

팀장 A는 근태를 중요하게 생각했다. 하필 극단적인 직원이 둘 있었다. 한 명은 성과도 좋았고, 동료들과의 협력도 훌륭했고, 팀 분위기를 만들어가는 것에도 탁월했다. 1년 내내 팀장은 이 친구에게 사업을 의논했다. 그런데, 지각이 잦았다. 반면, 또 한 명의 직원은 복지부동의 화신이었다. 시키는 일 외에는 하지 않았고 시킨 일도 어떻게든 안 되는 쪽으로 만들어 오고는 했다. 업무 역량도 크게 떨어졌다. 눈에 안 띄는 것이 지상 최대의 과제인 친구였다. 그 맥락에서일까 단 한 번의 지각도 하지 않았다. 팀장 A는 날고 긴다 해도 지각은 용납할 수 없다며 지각이 잦은 직원에게 최하점을 부여했다. 결과적으로 복지부동 직원은 최하점은 면했다.

팀장 B는 성과평가제도 자체에 회의적이었다. 공정한 기준을 만들기 어렵다는 이유였다. 고뇌하는 B를 보며 직원들은 오히려 더 기대를 했었다. 신중할수록 보다 공정하고 합리적인 기준으로 평가할 거라는 생각이었다. 뚜껑을 열어보니 B가 정한 기준은 연공서열이었다. 다들 열심히 잘했기 때문에 아무리 생각해도 근속 연수에 따라 오래 근무한 사람에게 높은 점수를 주는 방법이 가장 공정한 것 같다고 고뇌한 만큼이나 진지하게 대답한다.

팀장 C는 팀원 한 명 때문에 1년 내내 애를 먹었다. 대놓고 팀장한테 개기는 건 말할 것도 없고 팀원들 사이에서도 늘 분란을 일으켰다. '나는 믹스커피를 안 먹으니 팀 운영비로

믹스커피를 사는 건 안 된다'는 시비를 벌여 한참을 시끄럽게 만들기도 하고, 회식을 빠지고는 다음 날 1인 회식비만큼 혼자 저녁을 먹겠다며 법인카드를 달라고 주장하기도 했다. 팀원들도 1년 내내 몸살을 앓았다. 그런데 C는 문제의 팀원에게 높은 점수를 주었다. 업무만 놓고 보면 누구보다 잘했다는 이유였다.

팀장들끼리 모여 이러한 이야기를 하다 보면 의견 차이가 조금도 좁혀지지 않는 것을 확인할 수 있다. 좁혀지기는커녕 의만 상하기 십상이다. 논쟁을 하다 보면 "그러니까 너는 팀장인 나랑 그 복지부동 직원 둘에게 점수를 준다 해도 내가 지각을 하는 한은 복지부동 직원에게 높은 점수를 주겠다는 말이지? 맡고 있는 업무의 중요도나 난이도는 다 필요 없고 지각만 안 하면 된다는 거지?"까지 나가게 된다. 상대도 절대로 굽히지 않는다. 그런 극단적인 상황이 어디 있겠냐며 절충점을 찾으려고도 하지 않는다. 단번에 답이 나온다. "직장인의 기본이지. 그게 너라고 해도 나는 당연히 복지부동 직원에게 높은 점수를 줄 수밖에 없어!" 이쯤 되면 재량이 아니라 신념의 영역이다.

팀장 D는 별다른 기준을 설명하지 않았다. 늘 '내 맘이다!'가 답이었다. 그것도 엄청 당당했다. 다른 팀장들이 이의신청을 하는 팀원들에게 '이번에 승진 대상자를 고려해야 해서'라든가, '나는 잘 췄는데 위에서 깎인 것 같다'는 식의 변명을 하는 데 비해 D는 내 맘이라는 일관된 입장이었다. 어차피 모든 팀장들이 주관적 기준에 따라 평가를 하는 것이니 따지고 보면 '내 맘'이라는 D의 말이 정답이다.

대부분의 사람들은 성과평가제도가 필요하고 부족한 부분은 개선해서 공정하고 합리적인 평가가 이루어지도록 노력해야 한다고 믿는다. 그런데 '성과'에 대한 정의와 그 성과를 평가하는 기준은 이렇게나 제각각이다. 위 사례들이 이례적인 경우로 생각되는가. 그렇지 않다. 어느 팀이든 '아니, 저 사람이 어떻게 좋은 점수를 받았지?' 싶은 경우가 있을 것이다. 그 팀장이 이상한 사람이어서가 아니라 나름의 기준이 있는데 그 기준이 나랑 다른 것이다. 결국 팀장이 열 명이면 열 개의 주관적 기준이 있다는 건데, 이것이 누구나 수긍할 수 있는 '공정과 합리'로 수렴한다는 게 가능할까? 나는 불가능하다고 생각한다. 앞서 말했듯 직장에서 성과평가가 작동하는 원리는 매우 비이성적이고 비합리적인데, 제도 이전에 사람이 하는 일이기 때문이다.

#3 성과평가, 공정을 따지기 이전에 당신이 해야 할 일

그런데, 아무리 사람이 하는 일이라도 제도를 보완해 공정하고 합리적인 성과평가가 가능하다고 줄기차게 주장했던 동료가 있었다. 그리고 그가 직접 성과평가 시스템을 재설계하게 되었다. 그가 자신의 시스템을 어떻게 설명할지 모르겠지만, 내 식대로 요약하자면 인사권자의 재량이 개입할 여지를 최대한 차단한 시스템이었다. 인사권자의 '재량'이란 그에게는 '농간'과 비슷한 의미였던 것 같다. 직원들의 높디높은 관심 속에 완성된 성과평가제도는 좋게 말하면 치밀하고 정교했고, 나쁘게 말하면 복잡하기 이를 데 없었다. 단계별로 세밀하게 나누어 짜인 시스템 속에서 관리자들의 '농간'이 개입할 여지는 없어 보였다. 그러면, 새로운 시스템 하에서 평가 결과를 받은 직원들의 반응은 어땠을까. 여전히 부당하며 비합리적이라는 비판이 이어졌다.

매우 당연한 결과인데, 어떤 시스템을 도입하든 최하등급을 받는 15%가 존재하는 한 '공정'을 이야기하는 것은 불가능하다고 봐야 한다. 최하등급을 받아들고는 "제도가 너무나 치밀하고 공정해서 빼도 박도 못하게 내가 최하등급이네! 너무 공정해서 아무 불만도 없네~!"라고 할 사람은 없지 않겠나. 더구나 이러한 불만은 최하등급만 갖는 것이 아니다. A 이하 등급을 받은 사람들은 모두 자신의 점수를 공정한 결과라고 인정하기 어렵다.

이렇게 따지면 절반 가까운 직원들이 자신의 점수를 공정하고 합리적인 결과에 따른 것으로 수긍할 수 없다는 이야기다. 이것이 성과평가제도의 본질적인 속성이다. 어떤 경우든, 공정하고 합리적이었다고 말할 수 없는 절반 정도가 존재한다는 점!

평가가 불공정하거나 비합리적이어도 된다는 이야기가 아니다. 어느 누구도 일부러 불공정과 비합리를 추구하지 않는다. 결과적으로 그렇게 보인다 해도 앞선 글에서 적었듯 개인에게는 근태, 연공 서열도 공정과 합리의 영역일 수 있는 것이다.

자! 이제 정말로 하고 싶은 이야기를 할 차례다. 성과평가는 공정하기만 하면 되는 건가? 성과 등급에 따른 구체적인 보상이나 페널티가 적절한지에 대해서는 왜 관심이 덜할까. 대기업이 아닌 한 최고점을 받아도 보상은 미미한 수준이다. 많아야 연봉 100~200만 원, 적으면 몇 십만 원 정도를 더 받을 뿐이다. 반면, 낮은 평가를 받았을 때의 페널티는 너무나 치명적이란 생각은 안 드는가.

성과가 높다고 곧장 임원이 될 수는 없지만 성과가 낮으면 당장 해고를 당할 수도 있다. 지금도 많은 회사에서는 2년 연속 최하등급을 받은 직원에게 퇴직 압박을 주고 있다. 그나마 해고를 못 시키고 퇴직 압박만 주는 이유는 현재로서는 위급한 경영상의 이유가 아닌 한 해고는 위법이기 때문이다. 그러나, 2016년 고용노동부가 '저성과자 일반해고 지침'을 정해 발표하면서 저성과자 해고는 합법이 됐다. 이젠 압박이 아니라 당당하게 해고 통지를 할 수 있게 된 것이다.

다시 말해, 성과평가제도는 직원 개인 입장에서 성과가 높다고 매우 유리해질 건 없어도 성과가 낮으면 매우 불리한 상황에 처하게 되는 제도다. 아무도 예외일 수는 없다. 이미 확인하지 않았는가. 사람마다 성과의 기준이 제각각임을. 누가 휘두르는 칼에 어떻게 베일지 알 수 없는 일이다. 그런데도 우리는 성과평가제도 자체의 공정과 합리를 따지는 것에만 매몰된다. 보상과 페널티가 적절한 수준인가에 대한 논의는 이루어지지 않는다. 흔한 주장처럼 훨씬 더 정교한 성과평가제도를 만든들, 결과적으로는 내가 정당하게 해고당할 명분만 견고해지는 셈인데 말이다.

앞에서 '평가 기준은 내 맘'이라고 했던 팀장 D는 그 후 IT 회사를 차려 10년 만에 직원 200여 명 규모의 탄탄한 기업으로 성장시켰다. 평가제도를 어떻게 하고 있는지 물었다. 호봉제로 하고 있단다. 의외의 답이었다. 오너 입장에서 매력적인 선택이 아닐 것 같아서였다. 이유를 물었더니 "성과평가제도를 도입하면 단 한 명도 결과에 만족하지 못한다. A를 받아도 S를 못 받은 게 억울하고, S를 받으면 당연하고 그런 게 성과평가다. 그런 제도를 뭐하러 운영하나. 아무도 만족하지 못하는 제도, 만든다고 돈 써, 운영한다고 돈 써……. 우린 호봉제다."라는 답이 돌아왔다. 그래도 회사는 잘만 돌아간다고 한다.

이런 뉴스도 있다. 2015년 4월에 미국의 신용카드 결제시스템 회사인 '그래비티 페이먼츠' 대표 댄 프라이스가 자신의 급여를 90% 삭감하는 대신 직원들의 연봉을 최소 7만 달러로 올리겠다고 발표했다. 우리 돈으로 7천만 원이 넘는 수준의 연봉을 건물 환경미화원까지 전부 보장하겠다는 것이었다. 미국의 심각한 소득

불균형을 자신의 힘으로 해결해보겠다는 과감한 도전이었다. 언론에는 정치적이라는 비판, 과한 임금은 직원을 게으르게 만들고 서비스의 질이 떨어질 것이라는 비판이 소개됐다. 높은 연봉을 받던 유능한 직원들이 불만을 표하고 있어 인재 유출이 우려된다는 내용도 덧붙여졌다.

그리고 6개월 뒤인 10월 말, 반전의 인터뷰가 공개됐다. 회사의 매출과 수익이 전년 동기 대비 각각 2배로 올랐다는 것이다. 실적은 점점 좋아졌고 고객 유지 비율도 올랐으며, 회사로 이력서가 밀려들었고, 연봉 방침에 불만을 품고 떠난 직원은 단 두 명이었다. 언론은 언제 비난을 했었냐는 듯 기적의 주인공을 조명하기 시작했다.

선착순으로 직원을 채용하고 선풍기 바람에 팀장, 과장 등의 직급이 적힌 쪽지를 날려 승진인사를 한다는 일본의 주켄공업은 워낙 유명하다. 창업자인 마쓰우라 모토오(松浦元男) 회장은 통제하면 딱 그만큼만 일하더라며 채용이나 승진인사뿐 아니라 모든 면에서 직원에게 자율을 부여하는 것으로 유명하다. 주켄공업은 1965년 설립 후 지금까지 꾸준한 성장을 이어오고 있다.

이렇듯 우리가 아는 것과 다른 방법으로 동기를 부여하고 성과를 관리하는 하는 곳들이 실재한다. 성과평가제도에 목 매지 말자. 차라리 보상에 비해 페널티가 너무나 가혹하다거나 가혹한 페널티를 수용하는 대신 보상도 파격적이어야 한다고 주장하는 것이 합리적이다. 또는, 다양한 성과관리 모델을 만들자는 주장을 하는 것이 좀 더 의미 있을 것이다. 그럴 때 우리를 겨누는 칼날을 거둬 들이게 할 수 있다.

휴가 좀 편하게 씁시다!

요즘 사람들 참 편하게 일한다고? 실제로 편하지도 않지만,
편하게 일 좀 하면 어떤가. 당신이 변하지 않는 사이
세상이 변했다고 생각해라.

휴가 결재 받기가 하늘의 별따기인 상급자가 있었다. 일단,
본인이 1년에 사흘 정도밖에 쉬지 않았다. 결재 올리기 일
주일 전에 구두로 허락을 받고 결재 올리면서 다시 양해를
구해도 곧바로 결재가 안 나곤 했다. 그러니 누가 휴가를
쓰겠는가. 그렇다고 일을 더 열심히 하는 것도 아니건만 상
급자는 꿋꿋했다.

또 다른 상급자는 휴가원을 올리면 결재는 쉽게 하는데 무
슨 일로 휴가를 내는지 꼬치꼬치 캐물었다. '사생활입니다'
라고 답할 수 있는 팀원은 없다. 아이 유치원 행사라든가
가족 여행 같은, 휴가를 내지 않으면 안 될 상황을 꾸며내
서라도 답을 해야 했다.

새로 온 대표는 직원들이 외부 교육을 받겠다고 올리는 결재에 궁금한 게 많았다. 무슨 교육인지, 직무와 어떤 상관이 있는지, 꼭 필요한지, 등등을 꼬치꼬치 캐묻는데 그 자체가 직원들에게는 부담으로 작용한다. 인사팀장이 대표에게 찾아가 직원들 교육 훈련도 회사가 해야 할 일이고, 인사팀에서 적절한 교육 프로그램을 제안하고 있다고 설명했더니, 대표는 "왜 교육을 업무 시간에 들어야 합니까? 업무 시간에는 업무를 해야죠?"라며 본심을 드러내더란다.

이런 사람들이 공통적으로 하는 말이 있다.

"요즘 사람들은 참 편하게 일해."

예전에 자신들이 일하던 때에 비하면 어쩌면 맞는 말일 수도 있다. 그런데, 자신이 그렇게 열악하게 일했다고 해서 다음 세대 사람들도 계속 그렇게 열악한 노동 환경에서 일해야 한다고 믿는 걸까? 세상을 변화시키려는 노력은 못했을지언정 변화한 세상에는 박수를 쳐줘야 하는 거 아닌가?

고백하자면 나 역시 휴가를 제한하는 상급자였다. 회사 분위기가 그러했고 휴가 같은 '사소한(!)' 일로 "그 팀은 요즘 한가한가 봐?" 따위의 잔소리를 듣는 게 싫었다. 그러다가 이직을 했는데, 새 직장의 문화는 충격적이었다. 휴가 사용에 아무런 제한이 없었다. 미리 결재를 안 받아도 뭐라 하는 사람이 없었다. 당일 아침 휴대폰 문자로 휴가 쓰겠다고 하는 곳이었다. 내가 '그건 좀 너

1장. 21세기 직장인 마인드, 완벽과 열정은 가라!

무하지 않냐'고 하니 근로기준법에 보장된 범위 안에서 쓰는 건데 형식이 뭐가 문제냐고 되묻는다.

하기야, 해고 통보도 문자로 하는데 휴가 사용쯤이야! 더욱 충격이었던 건 병가 사용이었다. 규정에 정한 병가를 적극적으로 사용하고 있었다. 알고 보니 창업자가 노동운동을 했던 경력이 있고, '우리가 얼마나 열심히 싸워서 얻은 것들인데!'라며 병가까지 적극적으로 쓰게 했다고 한다. 나 역시 큰 영향을 받았다.

그 후 직장을 옮겨도 휴가에 대해서는 일절 묻지 않고 결재를 했다. 아이 유치원 행사가 있다는 등의 사유를 대면 '휴가 사용에 무슨 이유가 필요해요. 설명하지 마세요. 잘 쉬고 오세요'로 일관했다. 아침에 오늘 아파서 못 나온다는 문자에 대해서도 같은 입장을 취했다.

정말이지 아무 일도 일어나지 않았다. 휴가 자유롭게 쓰게 한다고 직원들이 게을러진다거나 성과가 떨어진다거나 팀장을 만만히 보는 일 따위는 결코 일어나지 않는다. 혹시 팀장을 만만하게 본다면 그건 다른 이유 때문일 것이다.

요즘 사람들 참 편하게 일한다고? 실제로 편하지도 않지만, 편하게 일 좀 하면 어떤가. 당신이 변하지 않는 사이 세상이 변했다고 생각해라. 개선에 일조한 것도 없으면서 열악했던 옛날로 돌아가자고 하는 것은 곤란하지 않은가. 그러나, 나 역시 상급자에게 이렇게 말은 못했다. 무슨 일로 휴가를 쓰냐는 계속되는 질문에 "그냥 하루 쉬려고요……. 뭐 꼭 힘들어서 쉬나요." 정도로 소심하

언니의 따뜻한 말 한마디

게 대답했다.

이 지면을 빌어 그때 못했던 말을 한다.

"휴가 좀 편하게 씁시다!"

사람들은 당신에게 관심 없다

'내가 이렇게 나에게 빠져 있는 만큼 남들도 다 자신에게
빠져 있겠지, 그 사람들이 내 생각 따위를 할 리가 없잖아.'

동료 A는 앞에 나서야 할 일이 있을 때면 유난히 긴장을
했다. 며칠 전부터 스트레스를 받고 당일에는 땀에 흠뻑 젖
을 정도로 힘들어 했다. 그런데, 하필 경영기획팀으로 발령
을 받더니 당장 상반기 이사회의 사회를 맡아야 할 상황에
처했다. 대표부터 내외부 이사와 주요 간부들이 참석하는
회의를 진행하게 됐으니 A의 긴장감이 어떠하겠는가. 끙끙
앓고 있는 A에게 한마디 건넸다.
"사람들은 당신한테 그렇게 관심이 많지 않아요."

앞에 나서면 모든 시선이 내게 쏠린다고 생각하기 마련이다. 하
지만, 사람은 언제나 자기 자신에게 가장 큰 관심을 두고 있다. 대

표 자리에 앉아 있든 간부 자리에 앉아 있든 마찬가지다. 아마 대표는 호스트 역할에, 이사들은 썩 괜찮은 질문을 해야 한다는 생각에, 간부들은 불시에 자신이 뭔가 답해야 할지 모를 상황 준비에 골몰해 있을 확률이 높다. 앞에서 누가 사회를 보는지는 그 다음 문제일 것이다.

나 역시 면접관이나 사업 선정위원, 기획 자문위원 같은 역할을 할 때 마찬가지 경험을 한다. 다른 사람들과 겹치지 않는 얘기를 해야 한다는 생각, 내가 하려는 질문이 너무 바보 같지는 않은가 하는 생각, 앞 사람들이 다 말해서 내가 질문할 게 없어지면 어쩌나 하는 걱정, 질문을 정하고도 이미 자료에 있는데 내가 놓친 건 아닌가 하는 의심 등등으로 긴장하는 것이다. 앞에서 사회를 누가 얼마나 잘 보는지, 자료 발표를 누가 얼마나 잘하는지는 전혀 중요하지 않다. 언제나 모든 관심은 스스로를 향해 있기 마련이다.

A에게 "당신이 간부로 저 끝자리에 앉아 있다고 생각해봐요. 그래도 떨리겠죠. 미처 준비 못한 질문 떨어질까 봐. 이사로 참석했다고 생각해도 떨리겠죠. 무슨 질문을 해야 좋은 질문이라고 할 건가 싶어서요. 다들 마찬가지예요. 자기들 생각에 빠져 있지 당신한테는 관심 없어요."라고 말했다. A는 조금 안도했다.

실수했거나 질책 받았던 일이 떠올라 밤에 누워서 이불을 걷어찰 때가 있다. 온 회사 사람들이 다 알고 있을 것 같은 생각이 들기도 하고, 사람들이 나의 실수 장면을 영원히 기억할 것 같은 생각이 들기도 한다. 이성적으로는 말도 안 된다는 것을 알지만 마음은 좀처럼 가라앉지 않는다. 그럴 때 생각해본다.

'내가 이렇게 나에게 빠져 있는 만큼 남들도 다 자신에게 빠져 있겠지, 그 사람들이 내 생각 따위를 할 리가 없잖아.'

맞다. 사람들은 당신에게 그렇게 관심이 많지 않다. 그러니, 조금 편안해져도 된다.

언니의 따뜻한 말 한마디

인맥관리는 집어치워라

타자와 인연을 맺고 서로 영향을 주고받는 관계에 이르는
경이로움을 생각하면 친구 사귀기는 역량을 넘어
신공을 필요로 하는 일 같기도 하다.

바쁜 중에 전 직장 후배가 놀러 온다 해서 보기로 했다. 퇴
근 준비를 서두르는 내게 동료가 내일까지 보고서는 마칠
수 있겠냐고 묻는다. 내가 "후배들이 놀아준다고 할 때 얼
른 나가야지, 더 있으면 놀아주지도 않을 거야." 했더니 맞
는 말이라며 깔깔거린다.

나는 인맥관리를 못하는 편이었다. 동기들이 오늘은 이 선배 다
음 날은 저 선배에게 술 사달라 해서는 밤늦게까지 인맥관리에 매
진하는 데 반해 나는 극소수 몇 명과만 어울렸다. 6년 차쯤 됐을
때 나의 팀장은 '오늘부터 일주일에 한 번은 돌아가며 다른 팀 팀
장들과 점심을 함께 먹으라'고 지시했을 정도로 신입 때부터 일관

1장. 21세기 직장인 마인드, 완벽과 열정은 가라!

되게 몇몇의 사람들과만 놀았더랬다. 팀장 지시에 따라 그나마 조금 편한 팀장 한 분과 점심을 했으나 그게 끝이었다. 일부러 안 했던 것은 아니고 하려고 해도 잘 안 됐다. 내게는 나름의 스트레스였다.

'인맥관리'라는 단어에서 인맥이란 궁극적으로는 거래관계를 의미한다. 내가 인맥관리의 대상이 되려면 어떤 형태든 상대방이 기대할 만한 무언가를 갖고 있어야 한다. 나 역시 누군가를 관리 대상으로 삼을 때 이 사람과 친해둬서 기대할 수 있는 것이 뭔지 염두에 두게 된다. 내가 인맥관리에 열의가 없었던 건 이런 관계를 관리하는 것이 복불복 내지 도박처럼 여겨졌기 때문이었다. 예컨대, 내가 누군가를 찜했더라도 그의 미래를 확신할 수는 없는 일이고, 설사 그가 대단한 미래를 움켜쥐었다 해도 내게 구체적으로 어떤 도움을 줄지 알 수 없는데다 나만 그 사람을 찜했을 리 없으니 내 차례가 언제 올지 또한 알 수 없는 일이다. 그런데 거기에 기대를 걸고 투자를 한다는 것이 확률 낮은 도박과 비슷하게 여겨졌다. 도박은커녕 뽑기에도 재주가 없는 나는 일찌감치 포기를 택한 것이다.

인맥관리까지는 아니어도 옛 동료들끼리 1년에 한 번씩 만나는 OB모임에도 지금껏 나간 적이 없다. 그런 형식을 빌어서라도 관계가 주는 안정감을 필요로 하는 성향도 아니고, 무엇보다 몸을 움직이는 것에 게으르다. 그 후 몇 차례 이직을 했지만 달라지는 건 없었다. 거래를 염두에 둔 인맥관리보다는 마음 맞는 사람을

언니의 따뜻한 말 한마디

찾아 노는 게 좋았다. 그런 사람들과 오래 보게 되면 더욱 좋았다. 하지만 그 역시 몇 번의 좌절이 있었다.

나의 팀장이었던 A는 직원들을 막 대하는 것으로 유명했다. 나 역시 힘들게 버텼는데 A가 이직하고 나서 조금 달라졌다. 나를 자주 찾기도 했고 내가 어려울 때면 열 일 제치고 챙겨줬다. 그렇게 자주 만나다 보니 예전의 일은 잊고 편안해졌다. 어느덧 10년 넘게 만남을 이어가게 됐는데, 하루는 약속 장소에 갔더니 예전에 함께 일했던 다른 선배가 와 있었다. 셋이 저녁을 먹는데 A와 둘이 만날 때는 느끼지 못했던 것들이 느껴졌다. 오랜만에 보는 다른 선배 앞에서 A는 예전처럼 내게 함부로 대하면서 자신이 여전히 '죽지 않았다'는 것을 보여주려는 것 같았다. A는 10년이 지나도 나를 그 옛날 막 대해도 됐던 부하직원 이상으로는 생각하고 있지 않구나 하는 것을 깨달았다. 나이와 직급을 떠나 이제 A와 친구가 되었다는 나의 생각은 발칙한 착각이었다.

새로 맡은 팀에는 나랑 잘 맞는다고 생각되는 직원 B가 있었다. 의지도 했고 정도 많이 들었는데 직장을 옮긴 후 연락에서 느낌이 달랐다. 그제야 '아, 이 친구가 나랑 잘 맞았던 게 아니라 상급자인 내게 다 맞춰준 거였구나' 하는 데 생각이 미쳤다. 그걸 알아차리지 못할 정도로 무감했던 거다. 상급자들은 자신의 유머에 직원들이 억지로 웃는 걸 모른다는데 나 역시 내게 맞춰준 직원을 나랑 잘 맞는다고 그저 착각을 했던 거다.

이렇듯 인맥관리가 아닌 친구 사귀기에서도 몇 번의 시행착오가 있기는 했지만, 시간이 흐를수록 오래 두고 보는 친구는 조금씩 늘어갔다. '우리가 벌써 10년지기야', '20년지기야', '처음 만났을 때 20대였는데.', '선배가 벌써 쉰 살이라고요?', '네가 벌써 마흔이 다 돼 간다고?' 하는 이야기를 하며 신기해한다. 인맥관리를 못한 것은 전혀 후회되지 않는다. 멀리서 찾아와주는 친구가 있고, 찾아가 만나고픈 친구가 있으면 충분하지 않은가.

어찌 보면 우리 인생에서 인맥관리보다 더 필요한 역량은 친구 사귀기 역량이 아닐까 싶다. 친구 사귀기에 '역량'이라는 단어가 어울리지 않아 보이지만, 어떤 타자와 인연을 맺고 서로 영향을 주고받는 관계에 이르는 경이로움을 생각하면 친구 사귀기는 역량을 넘어 신공을 필요로 하는 일 같기도 하다. 그러니 어찌 애쓰지 않을 수 있겠는가. 내일까지 마쳐야 할 보고서쯤이야 내일 생각하면 된다.

퇴직 '세리머니'는 생략합니다

나와 잘 맞고 좋은 영향을 주고받을 수 있는 친구를 사귀자면
일단 관계 맺기를 시도해야 한다. 그다음에 벌어지는 일들은
'만남의 생로병사'로 받아들이면 되지 않을까.

　다니던 직장을 떠날 때 마땅히 치러야 할 의식이 있는 걸까. 그
런 의식은 왜 필요한 걸까. 20여 년간 여섯 번 이직을 했다. 길게
는 10년, 짧게는 1개월 남짓 다닌 직장이었다. 그러는 동안 나는
한 번도 같이 일했던 사람들을 찾거나 전체 부서를 돌며 인사를
했던 적이 없었다. 여느 때처럼 출근해 여느 때처럼 퇴근을 했다.
　거래를 기본으로 하는 관계에 여간해서는 관심이 안 생긴다. 언
제 어떻게 만날지 모르는데 인사해둬서 나쁠 게 뭐 있느냐고들 하
지만, 주변을 둘러보라. 그렇게 드라마틱한 만남은 흔하지 않다.
예전에 알던 사람이 생각지도 않게 어느 날 나를 돕는 일이 있을
거라고 믿어지는가. 10여 년 전에 퇴직 인사 한 번 성의껏 한 걸
로 10년 후 곤란에 처한 내가 도움을 받는다는 것이 가능하다고

보는가. 나는 그런 일이 일어날 확률은 한없이 낮다고 생각한다.

누군가에게 '좋은 사람'으로 기억되고 싶다는 욕망도 남들에 비해 참으로 덜한 것 같다. 평소, '내가 무슨 짓을 해도 10%는 나를 좋아하고, 10%는 나를 싫어하며, 나머지 80%는 내게 관심이 없다'는 내가 만든 이론을 신봉하는 터라, 내게 관심 없거나 나를 싫어하는 90%를 위한 일에 에너지를 쓰지 않게 된다.

10년 다닌 직장에서 퇴직을 앞둔 무렵, 나보다 몇 개월 앞서 퇴직한 분이 계셨다. 출근 마지막 날 최근 몇 년간 보던 중 최고로 멋지게 차려 입고 평소보다 더욱 꼿꼿한 자세로 모든 층을 돌면서 한 명 한 명 악수를 나누는 그분 모습을 보면서 나는 퇴직 인사를 어떻게 해야 하나 잠깐 고민을 했다. 결론은 하던 대로 하자는 것이었다. 아무리 생각해도, 어차피 볼 사람은 퇴직을 해서도 계속 볼 것이고 그동안 안 보고 지낸 사람들은 퇴직하면 더더욱 안 볼 것이 틀림없다는 결론이 바뀌지 않았다. 그분의 퇴직 세리머니가 나빠 보였던 것은 전혀 아니었지만 그 속에 그분의 기대도 보였기 때문에 부질없다는 생각도 같이 들었던 것 같다.

모든 것에 생로병사가 있듯 인간관계에도 생로병사가 있는 것 같다. 그래서 그런지 만나고 헤어지는 일에 유난한 마음이 잘 생기지 않는다. 관계라는 것이 어차피 부질없으니 기대를 갖지 말자는 이야기가 아니다. 나는 오히려 관계 맺기에 적극적이어야 한다고 주장하는 쪽이다. 내 경우, 타고난 호기심 때문일 거라 생각하는데 처음 보는 사람에게도 나도 모르게 호감이 생기곤 한다. '딱

봐도 아니'라며 나를 타박하는 친구들도 있지만 지내보다 안 맞으면 그때 안 보면 된다는 생각이다.

나와 잘 맞고 좋은 영향을 주고받을 수 있는 친구를 사귀자면 일단 관계 맺기를 시도해야 한다. 그다음에 벌어지는 일들은 '만남의 생로병사'로 받아들이면 되지 않을까. 상처니 배신이니 뒤통수니 하며 곱씹을 필요 없이 말이다. 맺어지고 흩어지는 것이 인연의 속성일 바에야 자연스럽게 받아들이는 것이 우리가 할 일 아닌가 싶다. 여섯 번의 이직을 하는 동안 별다른 퇴직 세리머니 없이 마지막 퇴근을 했다. 다니는 동안 각별했던 사람들과는 퇴직 후에도 계속 만나면 된다고 생각했고 실제로도 그렇게 이어온 10년지기, 20년지기들이 곁에 있으니 이만하면 충분하다.

1장. 21세기 직장인 마인드, 완벽과 열정은 가라!

차라리 노는 게 낫다

두발자전거를 배워야 할 때가 왔다면, 익숙한 세발자전거에는
안녕을 고해야 한다. 당장 세발자전거에서 내려와라.

4년차쯤 됐을 때 일이다. 생각만큼 고과 점수가 안 나왔다.
친한 선배를 붙들고 1년 내내 열심히 한 대가가 이거냐며
억울해 했다. 한참을 듣던 선배는 한마디를 하고 일어났다.
"누가 열심히 하래. 잘하란 말이야."

충격이었다. 누구나 열심히는 할 수 있구나, 잘해야 하는 거구나
생각했다. 그 후부터 잘해야겠다고 마음은 먹었었는데, 돌아보면
잘하겠다며 결국은 또 열심히 했던 것 같다. 비슷한 시기 또 다른
선배는 자신의 땡땡이에 나를 끌고 다녔다. 땡땡이는 회사 생활의
꽃이라며 가끔씩 이렇게 한숨 돌리면 일도 더 잘 되는 법이라고
했다. 일이 더 잘 되는지는 모르겠지만, 잠깐이나마 스트레스를 푸

는 데는 도움이 됐다.

　일을 열심히 말고 잘한다는 의미, 땡땡이가 일을 더 잘할 수 있게 해준다는 의미를 제대로 안 것은 그 후 몇 년이 더 지난 다음이었다. 그것은 익숙한 업무, 익숙한 영역을 떠나는 도전에 대한 이야기였다. 낯선 것에 도전해본 사람만이 얻을 수 있는 성취가 있다. 그런 성취가 쌓였을 때 비로소 일을 잘하는 사람이 될 수 있다. 그러나, 대부분은 지금까지 하던 대로 하면 중간은 가는데 새로운 시도로 실패할지 모른다는 불안에 결국은 익숙한 방식과 영역을 고집하고 만다.

　세발자전거와 두발자전거를 타는 차이로 비유할 수 있겠다. 세발자전거를 열심히 연습해 최고 속도를 낸들 두발자전거로 내는 속도를 따라갈 수 없듯이, 익숙한 영역에서 익숙한 방식으로 아무리 열심히 해봐야 그 수준 이상을 넘길 수 없다. 직장에서 내가 비록 두발자전거를 타야 할 연차이기는 하지만, 어쨌거나 세발자전거만큼은 누구보다 잘 타니 인정해달라고 주장할 수는 없는 일 아닌가.

　　관리자 진급을 앞둔 A에게 하급자 한 명을 묶어주었다. A는 맡겨진 일은 더없이 잘했지만 동기들에 비해 협업 내지 하급자 관리 경험이 없었고, 이것이 승진 심사에서 불리하게 작용할 수 있을 것 같아 굳이 하급자 한 명을 묶어준 것이었다. 그러나 A는 나의 설득과 지원에도 불구하고 기존의 혼자 일하는 방식을 고집했다. 혼자 일하는 것이 얼마나 편한 것이었는지 하급자 한 명만 받아보면 금세 알게 된다. 내 마음 같지 않은 누군가와 함께 성과를 낸다는 것은 지금까지와는 전혀 다른 역량을 요구한다. A가 더 늦기 전에 그 도전을 하기를 바랐지만 A는 익숙함을 택했다.

A는 업무를 칼같이 나누고, 서로 터치하지 않아도 되도록 만들어 갈등이 생길 수 있는 상황을 차단했다. 업무의 중요도나 난이도를 따졌을 때 하급자가 해야 마땅한 일도 자신이 하는 게 더 빠르고 속 편하니 자신이 해치우고, 하급자에게는 단순반복 업무만 맡겼다. 하급자 트레이닝은 외면하고, 대신 가끔씩 맛집을 데리고 다니며 우리 잘 지낸다는 메시지를 보내는 걸로 관리자 역할을 대신했다. 잘 못 지내도 좋으니 하급자 트레이닝을 비롯해 관리자 역할을 해볼 것을 채근하는 나에게 A는 "그러다 괜히 나한테 불만이라도 생겨봐요. 여태 큰 흠 없이 일했는데 관리 능력 떨어진다는 소리 듣기 쉽잖아요."라며 고집을 꺾지 않았다. A는 동기들에 비해 몇 년 늦게 진급했고 또 몇 년이 지난 지금도 익숙하고 안전한 길을 가고 있다. 그리고, 고과점수를 받는 연말이면 늘 심란해 하고 있다.

팀장 B는 쉴 새 없이 일했다. 잠깐 사담을 나눌 일이 있을 때에도 늘 업무 이야기였다. 그러나, B가 하는 일의 대부분은 팀원들이 올린 문서에서 오타나 줄간격을 지적하거나, 본부장의 일정을 살뜰하게 챙기는 것 이상의 수준을 넘지 않았다. 실무자 시절 똑 부러지고 철두철미하다는 평가를 받았던 B는 그러한 평판에 조금이라도 해가 될 것 같은 일은 아예 쳐다보지도 않았다. 혹시 모를 실패 대신 자신에게 가장 익숙한 방식을 고수하되 그것을 더욱 열심히 하는 길을 택했다. 보다 큰 틀에서 봐주어야 할 자리에 앉아 철두철미하고 똑 부러지게 오타를 봐주고 있는 것이다.

B는 자신의 방식에 조금의 의심도 없어 보였다. 팀원을 불러서는 꼼짝 말라는 듯한 태도로 "여기, 여기, 오타 수정하고. 문서 여백 좀 통일하고. 알았지?" 하며 내가 이 정도라는 듯 의기양양했다. 오타 지적만큼 할 말 없게 만드는 것도 없다보니 팀원은 '아니, 팀장이 교정교열 담당이야?'라는 '마음의 소리(?)'는 차마 입밖에 내지 못하고 수정해서 다시 올리겠다고 돌아서는 것이다.

B는 오래가지 못했다. 다음 번 인사에서 팀장에서 직위해제되어 일반 팀원 신분이 됐는데 전혀 수긍하지 못했다. 나만큼 열심히 한 사람은 없다는 호소였다.

하급자가 하도록 세팅하고 가르쳐야 할 일을 본인이 하는 대신, 오타 수정하느라 시간 보내는 대신 차라리 노는 것이 훨씬 생산적이다. 하지 않아도 될 일, 또는 하지 않아야 할 일을 하면서 '내

1장. 21세기 직장인 마인드, 완벽과 열정은 가라!

가 그래도 뭔가 바쁘게 일을 하고 있다'는 착각에 빠지느니 그 시간에 동료들과 잡담하고 밖에 나가 잠깐 산책하고 책을 읽는 게 백배 낫다. 연차가 높아질수록 익숙한 영역을 떠나 시야를 넓히는 도전을 해야 한다. 이미 맡겨져 있는데 외면하고 있었던 일들을 시작해야 한다.

두발자전거를 배워야 할 때가 왔다면, 익숙한 세발자전거에는 안녕을 고해야 한다. 그래도 누군가는 세발자전거를 굴려야 하고 지금 내가 열심히 페달을 밟고 있지 않냐고 말하고 싶을 때가 가장 늦은 때다. 당장 세발자전거에서 내려와라. 차라리 놀지언정 세발자전거에 올라 앉아 있다는 위안으로 도전 과제를 회피하는 나를 합리화하면 안 된다. 두발자전거 타기에 곧바로 능숙해질 수는 없지만 하다 보면 결국은 타게 된다. 일도 마찬가지다.

언니의 따뜻한 말 한마디

선택은 회사만 하는 것이 아니다

계약직들은 고단하다. 그 속에서 '정규직 전환이 중요한 게 아니야' 라고 믿기는 쉽지 않다. 힘들겠지만, 힘들어 죽겠을 때 한 번 생각 해보면 좋겠다. 내가 할 수 있는 좀 더 나은 선택에 대해서 말이다.

정말이지 계약직이 넘쳐난다. 매년 그 수가 늘어나는 것은 물론이고, 갈수록 더 많은 경력을 가진 사람들이 더 늦은 나이까지 계약직원으로 일하고 있다는 것을 체감한다. 1990년대 후반만 해도 계약직이라는 게 대학 막 졸업한 친구들이 몇 년 돌아서 가는 길이었는데, 요즘은 그렇게 시작한 친구들이 계약직을 전전하며 서른 중반을 넘기기도 하는 걸 보게 된다. 악몽이다. 철학자 고미숙은 "요즘 젊은이들의 꿈이 정규직이더라. 세상에! 꿈이 정규직이라니! 너무나 슬픈 일"이라며 자본주의가 인간을 얼마나 인간답지 못하게 만드는가에 대해 한탄했다. 더 두려운 것은 이것이 최악이 아닐지 모른다는 점이다. 돌아보면 늘 더 나빠졌던 것 같으니 말이다.

1장. 21세기 직장인 마인드, 완벽과 열정은 가라!

서른 중반 몇 년을 계약직으로 근무했다. 특수 직무를 전담하는 관리자급 계약직이었다. 이러한 나의 사례가 일반적이지 않을 수는 있겠다. 그러나, 나 역시 계약 연장이나 정규직 전환을 희망했다는 점에서 갈등과 고민의 경험을 나눌 부분이 있을 것 같다.

나는 일반적으로 기대하는 계약직의 모습은 아니었던 것 같다. 나름 성실하게 맡은 바 직무를 다하기는 했지만, 간혹 본부장이 시키는 일을 별다른 보고 없이 안 하기도 했고, 위에서 주목하는 사업이라면 마땅히 보여야 할 투지를 보인 일도 딱히 없었고, 일의 우선순위도 윗사람의 관심사를 기준으로 정하지는 않았었다. 나를 아끼는 동료는 "본부장이 정규직 전환 심사하는 사람인데 그러면 어떡해요. 하라는 대로 해요, 좀!"하며 걱정을 했다.

내게 처음부터 갈등이 없던 것은 아니었다. 계약직으로 지내며 오랜 생각 끝에 내린 결론은 이러했다. 나는 그 동료에게 말했다. "정규직이 될 거면 본부장이 결사반대를 해도 되게 돼 있고요, 잘릴 거면 본부장이 온몸으로 막아도 잘리게 돼 있어요. 생각해봐요. 본부장이 내 인생에 그렇게 큰 영향을 미칠 수 있는 인물이라는 게 말이 돼요? 2년 내내 그 생각에 빠져 내가 나를 잃는 게 더 무서워요. 그리고, 여기서 정규직이 되면 무조건 좋은 일이라는 장담은 누가 하나요? 다른 좋은 일이 있을지 어떻게 알아요?"

이렇게 말할 수 있기까지 어떤 고민과 시행착오를 거듭했는지는 생략한다. 다만, 나는 금수저를 물고 태어난 사람도, 능력이 뻗쳐 마음만 먹으면 어디든 취업할 수 있는 사람도 아닌, 지극히 평

언니의 따뜻한 말 한마디

범한, 아니 오히려 핸디캡이 더 많은 사람이라는 점은 분명히 해 두고 싶다. 그래서 위와 같이 행동할 수 있었던 것은 나름대로 치열한 고민과 반성의 과정을 거친 결과였다.

어쨌거나 위와 같이 행동했던 나는 한 번은 정규직 전환이 되었고, 한 번은 안 되었다. 돌아보면 두 경우 모두 성과나 나의 태도 또는, 상급자와의 관계가 아닌 조직의 여러 여건에 따른 결과였다. 내가 얻은 것은 조금이라도 더 나다울 수 있었다는 자부심과, 중심을 잡은 속에서 더 많은 것을 배우고 얻었을 거라는 확신, 그리고 그곳에서 맺은 몇몇 소중한 인연들이다.

정규직 전환을 의식하는 순간 바람은 더욱 깊어지고 간절해지기 마련이다. 그 속에서 중심을 잡기란 불가능하다. 눈치를 보게 되고 부당하다고 생각하면서도 수용하게 되고 보상이 없으면 실제보다 더 크게 받아들여지며 몇 배는 더 억울해진다. 보장도 안 되는 정규직 전환을 바라며 어디까지 피폐해져야 하는 것인지 가늠이 안 된다. 그러므로, 어떤 방법을 써서라도 중심을 잡아야 한다. 나한테 정말 중요한 것이 무엇인지 알아내야만 한다.

부장으로 근무할 때 일이다. 부장은 회사의 계약직원에 대한 방침뿐 아니라 결원이나 충원 계획을 잘 알 수 있는 위치다. 그해 여건에 따라 정규직 전환 기회가 있을 때도 있고 전혀 가능성이 없을 때도 있다. 부장들마다 처신은 다른데 나는 내가 알고 있는 정보를 100% 전달하는 쪽이다.

1장. 21세기 직장인 마인드, 완벽과 열정은 가라!

예컨대, '지금 네가 있는 자리는 계속 계약직으로만 채용하게 될 거 같아. 그런데, 다른 팀에 신규 직원 채용이 예정돼 있으니 공지 챙겨봐. 아무것도 장담은 못해. 네가 지원한다고 뽑는다는 보장은 없어. 하지만 관심 있다면 지원해봐' 하는 식이다. 만약 앞으로도 계속 계약직 말고는 충원 계획이 없다면 '현재로서는 정규직 채용은 기약이 없어. 소속이 있을 때 이직이 쉬우니까 계약직으로 있는 동안 다른 좋은 데 있으면 계속 지원해봐'라고도 이야기한다.

같은 계약직이었던 A와 B는 선택이 달랐다. A는 이곳 일을 하면서 다른 곳을 알아봤다. 이곳 일을 할 때에도 눈치 안 보고 이것저것 의견을 말해서 오히려 선임 과장이 견제를 할 정도였다. 나는 A에게 지원서 작성에 참고하라고 가장 최근에 작성한 나의 자기소개서와 직무수행 계획서를 보내주기도 했다. 반면, B는 내가 정보를 전달하면 일말의 정규직 전환 가능성만을 계속해서 물었다. 예컨대, "현재로서는 정규직 채용은 기약이 없어."라고 말하면 "그러면 나중에는 가능성이 있을까요?" 하고 묻는 식이다.

인사는 누구도 장담할 수 없다. 전혀 계획이 없다가 생기기도 하고 되는 걸로 알았는데 엎어지기도 하는 일이 일상다반사로 일어나는 것이 인사다. 그러니 B의 질문과 나의 대답은 같은 자리를 맴돌 수밖에 없었다. B는 나와는 달리 일말의 가능성을 열어두고 위로하는 선임에게 모든 것을 의

지했다. 다른 관계는 만들지 못했다.

둘의 선택이 달랐던 것처럼 결과도 달랐다. A는 다른 곳에 정규직으로 입사했고, B는 계약 종료 후 퇴직했다. 그래서 A가 더 잘됐다는 이야기를 하려는 것이 아니다. 그 후, A가 신분이 정규직일 뿐 회사는 이상한 곳이라 뒤통수 맞고 퇴직했을 수도 있고, B가 좋은 회사에 들어갔을 수도 있다. 우리는 살면서 매 순간 선택을 한다. 이번의 선택이 끝이거나, 이번의 선택으로 모든 게 결정되는 일 따위는 일어나지 않는다. 그래서 중요한 것은 이 선택이 나를 나답게 하는지, 이 선택으로 내가 행복한지 여부이다.

계약직 시절의 나도 B와 같은 선택을 했던 적이 있다. 결과적으로 나도 모르게 눈치를 보고 위축되고 자신 없어지곤 했다. 사업 기획을 해도 이 사업이 잘 되려면 어떻게 해야 할지는 제쳐두고 본부장의 요구사항이 무엇인지 파악하는 것에만 골몰했다. 나를 깨우치게 하려고 그랬는지 본부장 요구대로 한 사업은 망했다. 그렇다고 본부장이 책임질 일도 아니었다. 본부장이 내게 강요한 것은 아무것도 없었으니 말이다. 그 시기에 나는 친구도 만들지 못했던 것 같다. 나를 안쓰럽게 여기는 동료들은 있었을지 모르지만 나라는 사람에게 매력을 느낀 친구는 없었던 것 같다. 그래서 나는 행복하지 않았다.

계약직 특히, 별다른 경력이 없어 더욱 불안할 수밖에 없는 계약직들은 고단하다. 그 속에서 '정규직 전환이 중요한 게 아니야'

라고 믿기는 쉽지 않다. 힘들겠지만, 힘들어 죽겠을 때 한 번 생각해보면 좋겠다. 내가 할 수 있는 좀 더 나은 선택에 대해서 말이다. 내가 조금이라도 더 나다울 수 있는 선택에 대해서 말이다. 선택은 회사만 할 수 있는 건 아니니까.

2장

21세기 직장에서,
당신에게
일어날 수 있는 일

좋은 리더 되기,
이런 책 좀 읽지 마 제발!

누구 입맛에 맞춘 좋은 리더가 되겠다는 것일까.
좋은 리더가 되겠다고 생각하는 순간 타인의 시선부터
의식하게 된다. 나를 살필 수 없어진다.

후배가 과장 승진 턱을 내겠다며 놀러 왔다. 옆구리에는 오늘 샀다는 '좋은 리더 되기'쯤 되는 제목의 책을 끼고 있었다. 나는 그런 책 읽다가 망한다고 질색을 했다. 그런 책 자체가 문제라기보다 전형적인, 어쩌면 실체도 없는 '리더의 덕목' 따위에 갇혀 자기에게 맞지 않는 옷을 입게 될까 우려한 때문이었다.

직원일 때는 관리자들에 대한 불만이 높았었다. 직원들끼리 모이면 늘 흉이었다.

'팀장이면 책임지는 자세를 보여야 하는 거 아닌가?'

'비전 제시를 못해요, 우리 팀장은……'

'직원들하고 소통이 안 돼. 팀장 마음대로야.'

79

이것뿐인가. 팀장은 앞장도 서야 하고, 직원 허물도 덮어줘야 하고, 지시는 명료하게 해야 하고, 지적질은 기분 나쁘지 않게 해야 하고, 회식 때는 말 좀 줄여야 하고…….

정말이지 끝이 없다. 그러다 관리자 직급에 오르는 순간 온몸에 힘이 팍 들어가는 것이다. 그간 불만의 대상이었던 관리자들과는 다른 모습이어야 한다는 다짐과 함께 마음 한구석에는 '직원들끼리 내 흉도 보는 것은 아닐까' 하는 불안이 자리한다. 그 상태로 계속 우왕좌왕하게 되면, 마음 약한 사람은 직원들 눈치를 살피는 만만한 관리자가 되는 것이고 의지가 강한 사람은 나 홀로 투철한 관리자가 되는 것이다.

별로 친분이 없던 A팀장이 점심을 청해왔다. 데면데면 먹었는데 그 후에도 가끔 연락을 하더니 이내 팀 관리의 어려움을 이야기하기 시작했다. 실제보다 과장됐다고 감안해도 팀 상황은 엉망이었다. 단체로 보이콧을 하는 것이 틀림없었다. 그런데도 A팀장은 팀원들을 '내 새끼들'이라 칭하고 있었고, 회사 내에서 팀의 위상을 높이기 위한 구상과 그것을 통해 팀원들의 승진 자리를 마련해줘야 한다는 고뇌가 깊었고, 모든 것을 자신이 다 감싸안아야 한다고 생각하고 있었다.

이쯤 되면 무조건 팀장이 문제가 있는 것이다. 일이 이 지경인데 원인을 찾으려는 노력은 없이 투철한 자기만의 의지로 상황을 해석하고 있는 셈이니 말이다.

설상가상으로 나는 A팀장의 스타일을 모른 채 조언이라는 걸 해버렸다. 내년도 사업계획을 세우는 회의를 하는데 팀원들이 미리 약속한 듯 끝까지 한 명도 입을 열지 않더란다. 나는 "한 명씩 따로 얘기해봐요. 차 마시자고 해서 지금 일 힘들지 않은지, 내년에 무슨 일 맡고 싶은지, 뭐 그렇게 풀어가봐요."라고 했다. A팀장은 그렇게 하니 말을 좀 하더라며 내게 고맙다 했다.

그러나, 한참 후 다른 이에게 전해들은 이야기는 전혀 달랐다. "A팀, 거기 팀장 때문에 직원들 불만 많다잖아. 사업계획 회의 때 의견 안 냈더니 팀장이 메일 보냈더래. '내일부터 한 명씩 면담하겠습니다. 각자 현재 하고 있는 일과 내년에 맡고자 하는 일, 내년 우리 팀의 비전에 대해 고민해 오시기 바랍니다'라고. 그래서 또 난리 난 모양이야."

내 의도는 '인포멀하게 다가서 보라'는 것이었다. 차도 마시면서, 편안한 분위기에서, 회의체가 아닌 담소체로! 그런데, 이 무슨 각개격파 분위기란 말인가······.

사람이 이렇게나 다르다. 그러니 누구에게나 들어맞는 리더십이라는 게 있을 리 없다.

사회 초년생일 때 팀장이 너무 답답해서 멘토를 찾아가 팀장 흥을 봤다.

"팀장이면 이럴 때는 이렇게 해야 맞는 거 아니에요?"

그러자 멘토는

"맞긴 뭘 맞아. 맞는 관리자, 틀린 관리자라는 건 없다. 각
자 스타일이 있는 거다. 김팀은 김팀 스타일, 정팀은 정팀
스타일."

하며 언제나 그렇듯 내 편을 하나도 안 들어줬다.

멘토의 조언은 내가 관리자가 됐을 때 더 와 닿았다. 나 역시 처
음에는 욕먹지 않는 팀장이 되고 싶은 마음에 이리저리 휘둘렸다.
머릿속에는 '리더의 덕목' 같은 것들이 떠다녔다.

그때 수년 전 멘토가 했던 말이 떠올랐다. 맞고 틀리는 건 없다,
내 스타일이 있는 거다. 나는 후배에게 내 멘토의 이야기를 전하
고, 어설픈 롤모델이나 실체 없는 리더십에 갇히지 않는 것이 좋
겠다고, 그보다는 너 자신에 대한 이해를 높이라고, 너의 스타일을
만들라고, 몸에서 힘을 빼야 물에 뜰 수 있다고 이야기했었다. 다
행히 이 조언은 뒤통수를 치지 않았다.

그런데, '좋은 리더 되기'라는 구호가 모호하게 느껴지지는 않
는가. 사람마다 생각하는 좋은 리더 상이 다 다를 것인데, 누구 입
맛에 맞춘 좋은 리더가 되겠다는 것일까. 좋은 리더가 되겠다고
생각하는 순간 타인의 시선부터 의식하게 된다. 나를 살필 수 없
어진다. 결국 좋은 리더가 되겠다는 것은 모두에게 인정받고 싶다

는, 불가능한 이야기에 다름 아니게 되어 버린다.

그래서, '좋은 리더 되기' 이전에 보다 본질적인 물음을 던져야 한다.

'좋은 리더 돼서 뭐할 건데?'

그렇게 질문해야 '인정 욕구'의 차원을 넘어설 수 있을 것 같다. 인정받고 싶은 욕구 자체가 문제적이거나 무조건 억눌러야 하는 무엇이라는 뜻은 아니다. 다만, 모든 욕구가 그렇듯 인정욕구도 내가 핸들링할 수 있는 범위에 두는 노력을 해야 한다는 생각이다. 인정 욕구가 나의 발전에 동기부여를 해주는 것은 분명하지만 그것에 압도되는 순간 남의 시선은 확대경이 되고 정작 중요한 나는 사라지고 마는 때문이다. 가끔씩 스스로에게 물어보자.

'좋은 리더 돼서 뭐할 건데?'

개싸움을 해본 적이 있나요?

참는 것에 익숙해지지는 않았으면 좋겠다. 참는 것 자체가 능사도
아니다. 많이 힘들 때에는 참지 말고 조금 용기를 내봤으면 좋겠다.
많은 것이 달라지는 것을 경험할 수 있다.

직장생활 중에 싸움을 벌여보지 않은 사람은 없을 것이다. 소
소한 신경전을 비롯해 동료든 상사든 부하직원이든 간에 크고 작
은 싸움은 늘 계속되기 마련이다. 나도 꽤나 열심히 싸운 축에 속
한다. 신입 직원일 때는 그런 품성이 '근성'으로 비쳐 나쁘지 않은
평가를 받기도 한다. 그러나, 점차 연차가 쌓일수록 싸워야 할 때
를 알고, 유효한 방법을 아는 것이 중요해진다.

신입 때의 일이다. 남자 동기가 하나 있었다. 여자 동기들에
게 복사와 팩스 심부름을 시키곤 해서 미움을 받고 있었고,
그 문제에 대해 얘기를 할라치면 여자들이 적극적으로 영
역을 못 만드니 자연스럽게 그렇게 된다는 궤변을 늘어놓

는 친구였다.

그러던 중 짐 나르는 일로 손을 빌려야 할 일이 생겼다. 자리에 있는 동기 중에 그 친구도 있어서 카트를 끌고 주차장에 내려갔는데 왔다던 트럭이 보이지 않았다. 핸드폰도 없던 시절이었다.

우왕좌왕 끝에 빈 카트를 끌고 올라오는 길에 그 동기는 지엄한 목소리로 내게 말했다.

"똑바로 못하지!"

나는 곧바로 받아쳤다.

"넌 말 그렇게 싸가지 없게밖에 못하지!"

동기이긴 해도 나보다 나이는 많은 친구였다. 그 후 오히려 나는 그 친구로부터 후한 대접을 받았는데, 이유인즉슨 내가 "여자 같지 않게" 당차고 "여자임에도 불구하고" 일을 잘하기 때문이라는 것이었다.

어릴 때는 그렇게 앞뒤 안 가리고 싸웠던 것 같다. 그리고 이러한 태도는 적극적인 면으로 해석돼 괜찮은 신참이라는 평가도 받았었다. 그런데 몇 년 지나니 볼썽사나워 보이는 것 같았다. 주변을 살피니 모두들 이성적이고 논리적으로 싸움을 벌이고 있는 것으로 보였다. 마주 앉아 선후를 따지고 논리와 합리로 주장을 펼치고 상대를 설득하고 개선 방향이나 대안도 합의하는 것이었다. 나도 따라하기 시작했다. 그리고 그것을 정답으로 생각할 무렵, 새

2장. 21세기 직장에서, 당신에게 일어날 수 있는 일

로 이직한 회사에서 난생처음 보는 싸움판을 맞닥뜨렸다.

그때까지 나는 철저하게 팀 체제로 움직이던 조직에 익숙했는데, 이 회사는 팀 체제는 있으나 그것이 무색하게 관리부장인 '왕언니'의 위세가 대단했다. 입사하자마자 관리부장한테 잘 보여야한다는 것과, 찍혀서 그만둔 사람이 한둘이 아니라는 것, 직원들이 생일선물도 따로 하고 지하철역에서 만나면 가방도 들어준다는 등의 '주의사항'을 잔뜩 들었다. 직장에서 공과 사를 구분하는 것이 진리인 줄 알았던 나로서는 내 직속 부서도 아니고, 행정은 더구나 나와 큰 상관이 없고, '내 일 잘하면 되겠지' 하는 편안한 마음이었다. 그런데 현실은 그렇지 않았다.

입사한 지 며칠 안 된 어느 날 관리부장이 내 자리로 오더니 "창고 앞 홍보물품들 오늘 중으로 정리합시다." 한다. 확인해보니 영업부 물품이었고 나는 영업부에 관리부장 말을 전달했다.

그런데 다음 날 아침 관리부장은 출근하자마자 내 자리로 와서는 "하나도 안 치웠네요. 부장 말이 말 같지 않다 이거죠? 알았습니다." 하고는 쌩하니 가버린다. 바로 따라갔지만 관리부장은 간부 회의실로 들어가버렸다.

그때까지만 해도 그다지 걱정하지 않았다. 사소한 오해라고 생각했기 때문이었다. 영업부 직원들도 간부회의 직후에 서둘러 관리부장에게 전후 사실을 얘기한 모양이었다. 나도 곧바로 찾아갔다.

"부장님, 그게요……"

말을 꺼내자마자 부장은 "됐습니다. 다 제가 잘못한 것이고 당신은 잘못한 거 하나도 없다는 얘기죠? 더 들을 거 없습니다." 하는 것이었다. 그 후 내가 몇 마디를 더 했어도 "됐습니다!", "저 바쁩니다!" 하는 대답만 돌아왔다.

그 후 나에 대한 탄압(?)은 더욱 괴팍해졌다. 애교에 속하는 예지만, 신규 직원에게 주는 10만원 상당의 입사축하 선물을 두 달이 지나도 주지 않는다거나, 내가 맡은 사무실 청소 구역을 유난히 까다롭게 점검하고 수시로 지적을 하는 식이었다. 직원들 여럿을 모아놓고 나에 대한 험담을 하면서 나와 친하게 지내면 앞으로 힘들 것처럼 경고 아닌 경고를 한다는 이야기도 들렸다.

한 6개월을 참다가 임원급과의 출장길에 일종의 고충상담을 했다. 관리부면 인사업무를 하는 부서인 만큼, 신규 직원이 조직문화에 적응하도록 돕고 가르치는 역할을 해야 함에도 오히려 벽을 쌓고 기존 직원과 편을 가르고 있다는 취지로 문제제기를 했다. 그간 배운 대로의 점잖은 '싸움'이었다. 몇 달간은 좀 나았다. 그러나 본질적으로 달라지진 않았다. 잊을 만하면 싸움을 걸어오곤 했다. 이런 식이었다.

소란스럽길래 내다보니 관리부장이 우리 팀 직원을 큰소리로 혼내고 있었다. 내용인 즉, 우리 팀에서 재고물품을 창고로 내리는데, 지금 창고 상황이 어떤지 미리 확인하고 운반해야 한다는 것이었다. 전화 한 통 없이 무턱대고 운반하면 어떡하느냐는 것이다.

내가 나서서 "예, 전화 먼저 해보라는 말씀이시죠? 지금 전화해보고 움직일게요." 했더니, 관리부장은 만담 톤으로 "전화해본다고요? 아이고~, 그러세요? 전화를 해보시겠다고요? 부장이 얘기하는데 대리님이 웃어요? 아이고~, 대리님 무서워서 부장이 얘기나 하겠나요?" 하고는 가버렸다.

관리부장 입장에서는 확인이 문제가 아니라 얼른 다가와서 "죄송합니다."를 수십 번 외치고 고개를 조아렸어야 마땅한 일이었을 것이다. 그렇게 관리부장과는 해갈을 못하고 나는 이직을 했다.

새 직장은 규모나 직원 성비 면에서 예전 그 직장을 생각나게 하는 곳이었다. 불길한 예감대로, 다시 관리부장과 비슷한 상사를 만났다. 너무나 스트레스가 심했다. 다시 그때를 반복하고 싶지 않았다. 생각해보니 그때도 새 직장에서도 스트레스의 원인은 언제 어떻게 들어올지 모를 공격과 싸울 생각이 없는 나 자신이었다. 업무적으로 뭔가를 지적하는 게 아니라 옷차림, 말투, 표정을 갖고 직원들 다 있는 자리에서 시비를 하는데 적절히 대응을 못하면 면박을 당하는 식이었다.

언제 무엇을 갖고 시비를 할지 몰라 늘 긴장 상태인데다, 나는 사례를 모았다가 면담을 청해 호소하는 식의 오피셜한 싸움 말고는 할 줄을 모른다는 것이 문제였다. 그러니 백전백패일 수밖에 없었다. 테니스 코트에서 펜싱 룰을 갖고 싸우겠다고 하고 있는 셈이었다.

마음을 고쳐먹었다. 나도 개싸움을 벌이겠다고.

이렇게 되면, 질 확률은 100%에서 50%로 줄어드는 것이다. 그 생각만으로도 스트레스가 절반으로 줄었다. 그리고 그다음부터 상사를 없는 사람 취급했다. 인사도 안 했고 뭘 물어도 대답을 안 하거나 일어나 나가버렸다.

2주쯤 후, 상사는 나를 불러 타협을 청했다. 못 잡아먹어 안달이더니 "똑똑한 사람이라고 생각한다. 의지하고 있다. 잘 보좌해주기 바란다." 하고는 직원회의 때 대놓고 나를 칭찬하면서 갈등 상황을 종결시켰다. 나로서는 대단한 경험이었는데, 전 직장에서의 시간을 반복하고 싶지 않다는 열망이 상황을 진지하게 돌아보게 했고, 내가 다른 싸움을 하게 만들었던 것이다.

직장생활을 하며 싸움을 피할 수는 없다. 싸움의 방법도 하나일 수 없다. 그렇다고 모두가 무조건 싸워야 하는 것은 아니다. 누군가 말했다. 사람은 감정적으로 불리한 선택은 절대로 하지 않는다고. 맞다. 사실 대부분의 사람이 싸움을 피하는 것을 감정적으로 더 편안해 한다. 힘든데 억지로 싸울 필요는 없다. 그런데, 참는 것에 익숙해지지는 않았으면 좋겠다. 참는 것 자체가 능사도 아니다.

2장. 21세기 직장에서, 당신에게 일어날 수 있는 일

많이 힘들 때에는 참지 말고 조금 용기를 내봤으면 좋겠다. 많은 것이 달라지는 것을 경험할 수 있다.

언니의 따뜻한 말 한마디

영역다툼에서 우위를 점하는 방법

온갖 심한 상황을 잘 참아내다가 엉뚱하게 점심 메뉴 따위에
폭발해서 망신당하는 일이 실제로 생긴다. 판단 흐려지지 않으려면
사감 안 생기게 관리하고 이미 생겼다면 거리를 두는 수밖에 없다.

내가 언제부터 '영역'에 민감하지 않게 되었는지 떠올려보니 서른 초반 세 번째 이직을 했을 때부터다. 출근 첫날 A는 아무래도 자신과 내가 파트너로 일하게 될 것 같다며 전임자와는 독립적으로 일했지만 그래서 문제도 많았으니 나와는 한 팀처럼 일했으면 좋겠다고 한다. 그럴듯하게 얘기했지만 한 명이 선임 역할을 하고 다른 한 명이 보조 역할을 하자는 것이고 선임은 자신이 하겠다는 이야기였다.

바로 어제까지만 해도 나는 이런 상황에서 예민을 떨었던 사람이다. 전체를 볼 생각은 않고, 곧 팀장을 달아야 할 판에 보조를 맡을 수는 없다는 생각으로 지엽적인 문제를 짚어가며 횡설수설 말장난을 치고 있었을 게 분명하다. 그런데 이번에는 새로운 환경

탓인지 덤덤했다. 전체적인 상황이 머리에 들어왔고 그럴수록 판단은 정확해졌다.

사심 없이 생각해보니 A의 말에 일부 동의가 됐다. 우리가 해야 할 업무는 독립적으로 영역을 나누기 어렵고 그랬을 경우 효율도 많이 떨어질 것으로 보였다. 반면, 동의가 안 되는 부분은 내가 보조를 맡는다는 부분이었다. 그것은 A가 나의 보조를 맡는다고 해도 마찬가지였다. 보조 업무가 싫고 좋고의 문제가 아니라 둘의 나이와 경력이 비슷하기 때문에 그러한 배치가 적절하지 않은 게 문제였다. 그럴 거였으면 경력직인 나를 채용하면 안 되는 거였다. 그러나, 내가 동의하는 부분과 동의하지 못하는 부분을 포함한 모든 결정은 팀장의 몫이다. 그러므로, A와 내가 신경전을 벌일 일이 아니라고 정리했다.

마침 다음 주면 신년이라 팀장은 전체 회의를 하며 팀 운영이나 맡고 싶은 일에 대해 이야기를 해보라 한다. A가 먼저 의견을 얘기하고는 내게 바통을 넘겼다. 나는 팀 운영에 대해서는 A와 의견이 같다고 하고는 '다만 나는 보조를 맡을 생각이 없다, 보조 업무는 지금 내가 쌓고 싶은 커리어가 아니다'라고 답했다. 내 입장은 돌려 말하지 않았다. 반면, 둘 중 누구라도 보조를 맡는 것은 적절치 않다는 판단은 아예 꺼내지 않았다. 그 판단은 궁극적으로는 팀장의 몫이기 때문에 나는 나의 입장까지만 얘기하는 게 좋겠다 싶었다. 또한, 적절치 않다고 했는데 누군가 보조를 맡는 결정이 나면 부적절한 상황에서 일해야 하는 것이니 팀장까지 포함해 셋다 힘들어질 게 뻔했다.

　팀장은 고심 끝에 지금까지의 방식을 유지하는 것으로 결정했다. 비효율적이라도 독립적으로 일하기로 된 것이다. A는 '당신 말을 들으니 전임자가 힘들어했던 게 무엇 때문이었는지 알겠고, 미안한 마음이 든다'고 했지만, 전임자에게 했었을 것으로 짐작되는 행동을 그만두지는 않았다. 나와 끊임없이 영역다툼을 벌이려 들었다.

　A와 나의 업무는 약간 달랐지만 만나야 할 협력사는 거의 겹쳤다. 협력사에서 방문할 때마다 A는 나를 자기 보조 업무를 하는 사람처럼 소개했다.

　"아! 인사하세요. 새로 온 아무개 과장, 우리 자료 담당!"

　마치 자신이 일을 주도하면 나는 필요한 자료를 정리해서 보내주는 사람처럼 소개하는 것이었다. 동료들에게 들으니 전임자도 이런 것들을 힘들어하다가 못 견디고 나갔단다. 협의한 내용을 공유하지 않아 일을 두세 번 하게 만들거나 협력사로부터 바보 취급을 당하게 만드는 일도 허다했다 한다. 항의를 하면 오히려 A는 과민하다고 치부하거나 고의가 아니었다거나 또는, 깜빡 잊었다고 하면 그만이었단다.

　나는 어떻게 할지 고민해봤다. 일단, A가 나를 뭐라고 소개하든 그건 핵심이 아니었다. 내 이름으로 올려야 할 기안의 종류나 내용이 바뀌지 않는다는 게 중요했다. 내 이름으로 기안을 올린다는 것은 내 선에서 내려야 할 의사결정 사항이 있다는 뜻이다. 내게 허용된 의사결정 권한을 잘 활용하자고 마음먹었다.

　나는 협력사가 A와 이미 협의를 했든 말든 내 식대로 협의를 진행했다. 사전에 공유받았어도 받지 못했어도 상관없었다. 협력사에는 "대충 얘기는 들었는데 제대로 하려면 다시 챙겨야 해서요. 번거롭지만 한 번만 더 봬요." 하면 그만이었다. 또는 "얘기 들었는데 지금은 다른 사업을 진행 중이어서요, 나중에 추석 지나고 한 번 뵙죠." 하는 식이었다.

　협력사들은 금세 상황 파악을 했고 한 달여 만에 큰 어려움 없이 교통정리가 끝났다. A와 이 문제를 갖고 말 섞을 일은 한 건도 없었다.

　이것이 끝은 아니었다. 전체 회의 때 A는 내 업무에 대한 분석과 총평을 자주 했다. 간혹 내가 놓친 부분을 짚기도 했다. 자신이 더 잘할 수 있다고 어필하려는 의도였을 것이다. 들어보면 별 것 아닌 것도 있고 참고할 만한 것도 있었다. 나는 때로는 성의 없이 때로는 진심으로, 참고하겠다고 답하고 넘겼다. 내내 마음속으로 다짐했던 것은 '절대로 사감(私憾)이 생기지 않게 조절하리라!' 하는 것이었다. 사감 즉, '사사로운 이해관계로 인한 언짢은 마음'이 생겨버리면 판단이 흐려지고 지엽적인 문제들에 감정이 널을 뛴다.

　십수 년 전 처음 대리를 달았을 때 나를 이겨 먹으려 들었던 직원이 있었다. 당연히 마음에 들지 않았는데 그때 나의 멘토가 했던 조언이 생각났다.

　"절대로 사감 안 섞이게 조절해라. 사감 섞이면 끝이다. 관계 회복도 안 되고 너도 실수하게 된다. 온갖 심한 상황을 잘 참아내다가 엉뚱하게 점심 메뉴 따위에 폭발해서 망신당하는 일이 실제로 생긴다. 판단 흐려지지 않으려면 사감 안 생기게 관리하고 이미 생겼다면 거리를 두는 수밖에 없다."

몇 년 전 나는 그런 조언을 듣고도 결국은 사감이 생기는 걸 조절하지 못했고, 사감을 잔뜩 섞은 나의 판단이나 지시는 오히려 나를 우습게 만들었다.

그래서 이번에는 사감이 생기지 않도록 필사의 노력을 했다. A의 분석이나 총평을 들어도 A의 의도에 일희일비하는 짓은 그만두고 내용만 듣고자 했다. 내 실수를 짚어도 그게 치명적인지 사소한지 가늠해보며 주변 사람들과 인식을 같이하려 노력했다. 주변에선 별 생각 없이 넘겼는데 나 혼자 방방 뜰 필요 없지 않은가.

나의 노력 때문이었는지 운이 따른 건지 나는 팀장과 동료들의 신망을 얻었고 A와도 별 탈 없이 2년을 보내고 인사이동을 했었다. 내가 새로운 직장에서 A와 예전의 나처럼 신경전을 벌였다면 그렇게 빠르게 적응하거나 동료들의 신뢰를 얻지 못했을 것 같다. 처음부터 잘할 수는 없다. 어제보다 나아지면 된다. 그래야 '흑역사'와 '이불킥'의 기억도 소중해진다.

우리 팀장님 너무 좋아요 소리
들리기만 해!

관리자라면 내게 맡겨진 파트에 속한 직원과 전체 업무를
큰 틀에서 오거나이징하는 쪽으로 일하는 습관을 변화시키는 게
좋다. 이것을 어렵게 만드는 것이 평판에 대한 예민함이다.

친한 후배가 성과면담 후 기분이 상한 채 놀러왔다. 1년 내
내 열심히 일했고 성과도 많았는데 부장은 여전히 부족하
다는 코멘트를 하더란다. 요지는 '과장인 만큼 후배 직원들
을 키우는 데 힘쓰면 좋겠다'는 것이었는데 하필 동료 과장
과 비교해서 말하는 바람에 기분이 상한 거다. 동료 과장으
로 말할 것 같으면 밑에 직원들한테 다 시키고 자신은 칼퇴
근해서 직원들의 원성이 엄청난 사람이란다. 그런데도 부장
은 '일을 맡기면 그 친구는 안심이 되는데 너는 뭔가 불안
하다'니 힘이 빠진다고 한다.

직장에서 일을 독점하고 혼자만 튀려는 사람도 있기는 하지만

내 후배의 경우는 또 다른 사례였다. 후배는 '부하직원들에게 일을 시키더라도 과장이 50%는 맡아 하고 나머지를 나눠줘야지 동료 과장처럼 손 하나 까딱 안 하는 게 과장으로서 잘하는 건지, 직원들이 뒤에서 얼마나 욕하는지 부장은 모른다'며 답답해했다. 또 어느 때는 직원에게 일을 맡기겠다고 하면 부장은 '걔는 못 믿겠으니 직접 하라'고 하기도 한다며 어느 장단에 맞춰야 할지 모르겠단다.

초급 관리자가 겪는 시행착오 중 하나다.

내가 막 팀장을 달았을 때 일이다. 대규모 조직개편으로 사무실 이전에 준하는 번거로운 상황이 생겼다. 공사 당일 팀장인 나는 솔선수범의 자세로 직원들과 함께 사무실 청소와 물품 정리에 임했다. 몇 시간 후 다른 팀장이 나를 끌어내서는 "그만 나와. 윗사람이 버티고 있으면 더 피곤해. 나머지는 직원들끼리 하게 둬." 한다. 대충 정리하고 쑤셔 박아도 될 것들까지 팀장 눈치 보며 일만 커진다는 설명도 덧붙였다. 나로서는 생소했다.

그리고 며칠 후 부장이 팀장들을 불렀다. 승진인사 끝의 조직개편이라 우리 부서에는 나 말고도 새로 팀장을 단 사람들이 몇 있었다. 부장은 의례적인 당부를 한 후 공표했다.

"앞으로 내 귀에 '우리 팀장님 너무 좋아요' 소리 안 들리게 해라. 그런 소리 들리는 팀장은 고과 빵점 줄 거다."

팀장 역할을 제대로 하면 무조건 욕먹게 돼 있다며 팀장 때문에 죽겠다는 말이 나와야 일 잘하는 거라고 강조했다.

나중에야 이해했다. 부장의 다소 극단적인 메시지는 이제 막 팀장 달고 '좋은 리더'가 되겠다며 이리저리 휘둘릴 게 뻔한 우리에게 내린 충격요법 같은 것이었다. 수년 간 직원으로서의 정체성을 갖고 있었기 때문에 직원들의 마음은 쉽게 이해가 가는 반면, 관리자로서는 어떤 정체성을 가져야 하는지 헷갈린다. 그러다보면 직원일 때의 눈높이에서 벗어나기 어렵다.

다시 나의 후배 이야기로 돌아오면, 중요한 것은 과장이 얼마의 실무를 커버해야 하는지 또는 직원들에게 욕을 먹는 것이 좋은지 나쁜지가 아니다. 관리자로서 직원들의 역량과 장단점을 파악하고 있는지가 핵심이다. 직원들의 역량을 봤을 때 도무지 안 되겠다고 생각되면 관리자가 50% 이상이라도 맡아 처리해야 한다. 반대의 경우라면 직원들에게 다 맡겨도 된다.

과장으로서 직원들의 역량 파악이 잘 되어 있으면 상급자가 '이건 A가 하게 하지?' 해도 A는 이것은 소화하기 어렵고 다른 업무에 투입시킬 예정이라고 답할 수 있다. 또는 '이건 과장이 직접 하라'고 해도, A도 이제 이런 업무의 경험이 필요한 단계이고 제가 이러저러한 부분 챙겨주면 충분히 해낼 수 있으니 맡겨보자고 답할 수 있다. 그러면 상급자 입장에서는 과장이 업무 파악과 직원 장악을 하고 있다는, 어찌 됐든 직원들을 끌고 갈 것이라는 생각에 안심이 된다. 즉, '오거나이징(organizing)을 잘하고 있구나' 싶어지는 것이다.

　내가 후배의 부장은 아니지만 맥락을 살피면 아마도 직원들 역량과 강약점을 파악해 업무 오거나이징을 하라는 이야기였을 것 같다. 이야기를 나누다보니 후배도 상황을 점차 객관화해갔다. 동료 과장은 대신 문서 작성이 기막히단다. 직원들이 개떡같이 정리한 자료를 갖고 엄청난 일을 벌인 것처럼 문서를 꾸민단다. 사실은 직원들이 욕하면서도 그 과장과 일하면 성과 하나는 확실하다고 인정한단다. 부장 입장에서는 부장이 먹을 욕을 중간에서 과장이 다 먹어줘, 직원들 잘 부려, 최종 보고서 좋아, 직원들은 욕하면서도 따라, 안심될 만하지 않겠나.

　직원일 때는 내게 맡겨진 일을 잘 하면 중간 이상은 됐을 것이다. 그러다 보니 관리자가 되고 나서도 직원에게 시키느니 내가 하는 게 더 빠르고 편하다고 생각되는 경우가 있다. 그러나 관리자라면 내게 맡겨진 파트에 속한 직원과 전체 업무를 큰 틀에서 오거나이징하는 쪽으로 일하는 습관을 변화시키는 게 좋다. 이것을 어렵게 만드는 것이 평판에 대한 예민함이다.

　나 역시 '욕먹는 팀장이 돼'라는 응원(?)에도 불구하고 일하는 습관을 바꾸는 게 생각만큼 쉽지 않았다. 그만큼 초급 관리자들이 평판에서 자유로워지기란 힘든 일인 것 같다. 그러다 보니 뭔가 판단을 할 때 고려하지 않아도 될 것들을 고려하게 되고는 했다.

　예컨대, 직원들이 '우리 팀장은 온갖 잡일 다 받아 온다'고 불평

할 것이 두려워 우리 팀 업무임에도 안 받겠다고 힘 빼고, 결국 받아서는 팀원들에게 내가 얼마나 안 받으려 노력했는지 설명하느라 힘 빼는 식이다. 갑자기 끼어 들어오는 잡일과 같은 변수까지 포함해 전체적인 오거나이징을 하는 게 더 중요한데 말이다.

　과거 나의 부장이 '욕먹는 팀장이 돼라' 했던 건 초급 관리자가 평판에 얼마나 민감한지 알기 때문에 그로 인한 시행착오를 줄이자고 한 말이었을 것이다. 윗사람의 것이든 아랫사람의 것이든 평판은 따라오는 것이지 좋아야 할 대상이 아니다. 좋은 소리 듣자고 해야 할 일 안 하고, 미뤄도 될 일을 맡아 처리해서는 곤란하다. 평판에 대한 부담에서 벗어나 지금 내가 할 일이 무엇인지 판단하는 게 우선이겠다. 평판은 그다음에 따라오는 것이다.

초면에 이러시면 곤란해요

뭔가 자신감이 없을수록 쓸데없는 기싸움을 벌이려 들게
되는 것 같다. 하지만, 절대로 피해야 할 것 중 하나가
초면에 벌이는 기싸움이라는 생각이다.

신참이었을 때는 팀을 옮길 때마다 또는, 새로운 사람과 일하게
될 때마다 내가 어떤 사람인지 빨리 알려야 한다고 생각했던 것
같다. 예컨대, 외부인과의 전화 통화를 쓸데없이 까칠하게 하면서
주변에 '나 만만한 사람 아니에요'라는 티를 낸다거나, 사소한 문
제에도 필요 이상으로 내 주장을 하면서 '나 이렇게 똑 부러지는
사람이거든요!' 하는 티를 내는 식이다.

그렇다. 유치하다.

그런데, 꽤 오랫동안 그렇게 했고 내가 그런 짓을 그만둔 후에
도 과거의 나처럼 행동하는 사람들을 심심찮게 만날 수 있었다.
당시에는 그것이 일종의 기싸움이고 어차피 경쟁해야 하는 관계
에서 자연스러운 일이라고 생각했었다. 그런데, 지나고 보니 나약

한 자의 자기방어에 지나지 않았다는 생각이 들었다.

새로 맡은 팀에는 까칠한 성격으로 명성이 높은 직원 A가 있었다. 첫 미팅에서 A는 "제가 지각을 자주 하거든요. 그래서 팀장이 뭐라 하는데 그러면 너나 잘하라고 해요. 자기들도 지각하면서!" 한다. 나는 지각 문제에 전혀 예민하지 않은 관리자다. 그런데 A의 그 말이 나를 예민하게 만들었다. 지각 문제를 두고 A와 끝장을 봤더랬다. 돌아보면 정말 지각이 문제는 아니었다. 그러나, 첫 대면에서 꼬이니 모든 것에서 꼬여 나갔다.

새로운 직장에 팀장급으로 가게 됐다. 팀원들과 인사를 나누는 자리에서 B가 "제가 한 성질 해서요……. 되도록 자제는 할게요." 한다. 이때는 내가 좀 더 단련된 후였다. 전 같으면 어떻게든 나도 만만치 않은 성질머리를 가졌다는 걸 보여주려 했을 테지만 이제는 웃고 넘기게 되었다. B의 성질이 얼마나 대단하든 내가 컨트롤할 수 있다는 걸 알기 때문이다. 내 성질이 더 대단해서가 아니라 조직에서 내가 가진 권한이 B보다 훨씬 크고 그것이 뭘 의미하는지 알기 때문이었다. B의 말을 마음에 담지 않았지만 첫인상이 좋을 수는 없었다.

언니의 따뜻한 말 한마디

옆 팀에는 나이가 좀 있는 붙박이 팀원 C가 있었다. 어떤 팀장이 오든 C가 터줏대감인 셈이었는데, 팀장이 바뀔 때마다 기선제압을 위한 다양한 퍼포먼스를 벌였다. 평소에는 멀쩡하다가도 팀장만 바뀌면 퀵서비스 거래처와 드잡이를 하거나, 사무실 화분 관리를 하는 화원을 족치는 식이었다. 시간이 지나 서로 편안해지면 C는 그것을 자연스러운 변화가 아니라 자신의 퍼포먼스가 통한 때문이라고 믿는 것 같았다. 한 번은 출근하자마자 가방을 획 던지더니 팀장더러 "오늘 저한테 말 걸지 마세요." 한다. 새로 온 어린 팀장이 "무슨 일 있어요? 왜 그러세요?" 하고 물었더니 짜증을 내며 "말 걸지 말랬죠!" 하며 자리에 앉는다. C는 점점 기피 인물이 되어갔다.

뭔가 자신감이 없을수록 쓸데없는 기싸움을 벌이려 들게 되는 것 같다. 가만히 있으면 알아주지 않을 것 같고 무시할 것 같은 생각이 들기도 한다. 하지만, 절대로 피해야 할 것 중 하나가 초면에 벌이는 기싸움이라는 생각이다. 겪어보면 아주 잘 맞는 동료일지 모르는데 무엇 때문에 처음부터 밉보일 짓을 하냔 말이다. 그러면 사람들이 바로 기선제압이 되어 '네! 알아 모시겠습니다!' 하기라도 할까 봐.

가진 게 많은 사람에게는 시간이 밑천이다. 시간이 흐를수록 진가는 드러나게 마련이니까. 겪으면서 서로 알아가도 충분하다. 겪

2장. 21세기 직장에서, 당신에게 일어날 수 있는 일

다보면 나와 잘 맞는 사람이 있고 아닌 사람이 있다. 나랑 정 안
맞을 때, 그때 싸움을 시작해도 늦지 않다. 일단은 선한 마음으로
새로운 인연을 맞이해보자. 우린 초면이니까.

뒤통수 맞고 억울하다면

뒤통수치는 사람들 잘못이 없다는 얘기가 아니다. 이런 유의
사람들은 직장생활하는 내내 수시로 만나게 될 사람들이다.
억울함 때문에 하나하나 바로잡는 것에 에너지를 쏟으면 나만
손해라는 이야기를 하고 싶은 거다.

저녁 7시부터 9시까지 하는 행사가 있었다. 담당 대리는 일
이 있어 못 가겠다고 부하 직원만 보냈다. 9시 조금 넘어
대리가 고생 많았다고 미안하다고 전화를 했기에 직원은
간단히 상황 보고도 했단다. 50명 정도 참석했고 분위기 좋
았고 제품 반응도 좋았다고.
다음 날 출근했더니 그 대리가 팀장 책상 앞에서 행사 결과
보고를 하고 있더란다.
"50명 정도 참석했고요, A제품 반응이 특히 좋았고요……."

내 후배가 당했던 이야기다. 억울할 법하다.
그런데, 이것을 갖고 시비를 하지는 말라고 당부했었다. 직급이

나 연차에 따라 눈높이가 다를 수밖에 없는데, 한참 윗사람 눈에
는 매주 하는 행사에 꼭 직원 둘이 가야 한다고 생각하지 않을 수
있고, 보고는 누가 해도 상관없다고 볼 수도 있는 문제이기 때문
이다. 일에 대한 경중이 다를 수밖에 없다. 후배 입장에서는 중요
한 사업이지만 팀장 입장에서는 굴러가기만 하면 되는 사업일 수
있는 것이다. 너무 억울해 하지도 말라고 했었다.

　직장생활을 하다 보면 이렇게 뒤통수 맞는 일이 제법 있다. '내
아이디어를 자기 것인 양 얘기한다'는 것이 가장 흔한 사례일 것
이다.

　　단편영화 제작 업무를 맡았던 A는 과장의 지시로 감독들이
　　보내온 시나리오를 점검하고 의견을 나누는 회의를 잡았다.
　　과장은 A더러 먼저 보자고 해서는 시나리오 어떻더냐고 물
　　었고 A는 의견을 이야기했다. 감독들이 모두 도착해 회의
　　가 시작되자 과장은 방금 A가 한 얘기를 빠짐없이 하고는
　　A더러 "자네도 얘기 좀 하지?" 했다.

　내 친구가 겪은 일이다. 친구는 과장의 깜냥을 익히 알고 있어
서 재미있는 에피소드라며 웃고 말았다. 의견이야 또 내면 된다고
하면서.

　　큰 규모의 국제회의를 개최했을 때 일이다. 준비를 위해 기

획팀, 홍보팀, 의전팀 등 세 개 팀으로 구성된 TF가 꾸려졌다. 나는 홍보팀 소속이었고 행사 시작 6개월 전에 초대장을 만들어 외빈들에게 보내야 했다. 기획팀으로부터 초대장에 넣을 영문 문안을 받아 인쇄를 마쳤다. 그런데 문제가 생겼다. 공식 영어에서는 사용하지 않는 문안이 들어갔다는 것이다. 다시 인쇄하면 되는 문제라 기다리고 있는데, 며칠 지나 TF 단장이 나를 불렀다. 들어갔더니 기획팀장부터 팀원들이 주욱 앉아 있었다. 내용을 들어보니 단장이 문안의 문제를 지적했는데 기획팀장은 공식적으로 사용해도 무방한 영어라고 맞서는 것 같았다.

그런데 기획팀장의 대답이 묘했다.

"홍보팀에서 마음대로 작성한 것을 우리더러 어쩌란 말입니까?"

"아니, 문안 초안은 기획팀에서 준 게 맞죠. 그런데 홍보팀에서 마음대로 바꾼 거 아닙니까."

"그리고 이 문안도 틀리지 않다니까요. 다시 인쇄할 필요가 없습니다."

그러더니 기획팀장은 "저 다른 회의 있습니다. 홍보팀에서 알아서 하시죠." 하고는 먼저 일어났다.

문안 정리를 해야 했던 단장은 기획팀원에게 "홍보팀에 줬다는 원래 내용 가져와봐요." 했고, 그것을 보고는 황당한 표정이 됐다.

"뭐죠. 이게? 홍보팀이 바꾼 게 없잖아요. 그대로 인쇄한 거네. 왜 기획팀은 여태까지 홍보팀이 최종 문안을 바꿔서 작성한 것으로 믿도록 내게 보고를 했죠?"

범인(?)은 이렇게 드러났고 내 잘못 아니라고 나서지 않던 나는 '진중한 사람'이라는 소리를 들었다.

사소한 것에도 곧잘 발끈하는 나는 의외로 누명을 쓰게 되는 상황에서는 좀처럼 화가 나지 않는다. 속는 사람 드물고 설사 몇몇이 속더라도 내 인생에 별 영향을 미치지 않더라는 경험 때문인 것 같다. 또 그런 얄팍함에 속는 사람들은 하수들이므로 '앞으로 같이 안 놀면(?) 그만'이라는 생각도 있다. 어쨌거나 이 일을 겪으면서 속는 사람 별로 없더라는 내 경험치는 한 켜 더 쌓였다(그리고, 딱 1년 후 나는 내게 잘못을 뒤집어씌우려 했던 그 기획팀장의 팀원으로 발령이 났다. 세상일이란!).

억울하다는 생각이 들 때 조금 더 생각해보면 좋겠다. 다른 사람들의 눈높이에서도 정말 부당할 법한 일인지. 아이디어나 기획안을 도용당했다는 생각이 들 때도 '도용'이라는 말이 적합할 만큼 엄청난 아이디어였는지, 또는 내가 낼 수 있는 아이디어는 그것뿐인지 생각해보면 좋겠다. 사람들이 깜빡 속아 넘어간 것처럼 보일 때에도 정말 '몽땅 다' 속아 넘어간 것인지, 또는 그게 내 인생에서 정말 중요할 일인지 가늠해보면 좋겠다. 억울한 마음이 조금은 차분해질 것이다.

뒤통수치는 사람들 잘못이 없다는 얘기가 아니다. 이런 유의 사람들은 직장생활하는 내내 수시로 만나게 될 사람들이다. 억울함 때문에 하나하나 바로잡는 것에 에너지를 쏟으면 나만 손해라는 이야기를 하고 싶은 거다. 어쩌다 한두 번은 바로잡아야 하는 경우가 있을 수 있다. 그 한두 번에 에너지를 쏟아도 힘이 쪽 빠진다. 그래야 할 때를 대비해 수시로 힘 빼지 말자. 그보다는 평소에 나를 갈고 닦는 일에 에너지를 쏟는 것이 훨씬 낫다.

고민을 의논할 선배가 있는 사람
손들어 보세요

나의 멘토는 내가 고민을 들고 찾았을 때 그야말로 단 한 번도
내 편을 들어준 일이 없었다. 늘 나더러 잘못했다고 했다.
첫마디는 언제나 '네가 잘못했네'었다.

"사무실에 고민을 의논하고 따를 만한 선배가 있는 사람 손들어
보세요."

직원교육에서 강사가 던진 질문이다. 그룹 차원의 교육이었는데
손을 든 이들은 우리 회사 사람들뿐이었고 다른 계열사에서는 손
든 이가 한 명도 없었다. 심지어 우리 회사 직원들은 80%가 손을
들었었다. 강사도, 다른 계열사 직원들도 놀라워했는데 보통은 손
드는 사람이 거의 없기 때문이란다. 놀라기는 우리도 마찬가지였
다. 어디나 다 우리와 비슷한 줄 알았으니 말이다.

당시 내가 다니던 회사는 신생 IT 기업인데다 임직원들도 모두
젊어 나이 차가 적었고 그런 덕분에 꽤나 수평적인 조직문화를 갖
추고 있었다. 사소한 것도 묻고 따지고 반항하고 그러다 수긍하는

식의 의사소통이 자연스러웠고 그 과정에서 좋은 선배와 아끼는 후배를 만나게 됐던 것 같다. 그때 나의 고충처리를 전담하다시피 했던 선배는 20년 하고도 몇 년이 더 지난 지금까지 멘토로서 나의 삽질 예방에 큰 도움을 주고 계신다.

시간이 흐르고, 나도 누군가의 멘토 역할을 하게 되었는데 한 번은 궁금해서 물었다.

"(이제 같은 회사도 아닌데) 너네 회사 얘기를 왜 나한테 물어? 회사에는 고민 얘기할 선배 없어?"

후배의 대답은 이러했다. 고민 얘기하는 분위기도 아니지만 마음먹고 털어놓은 고민이 나약하다거나 한가하다는 평판으로 돌아올까 싶어 다들 일 얘기만 한단다. 경쟁이 점점 심해지는구나 싶어 놀라웠다. 그러고 보니 이제 내 주변에도 고민을 의논할 선배가 없다는 사람이 대부분이다. 더 나아가 직장 따위는 수단일 뿐이라며 쿨한 직장인 콘셉트를 택하는 사람들도 보인다. 그러나 눈 뜬 시간의 대부분을 보내는 직장에서 고민이 없기란 불가능하지 않을까. 중요한 것은 고민이 없는 상황이 아니라 고민을 다루는 방법일 것이다.

사실 나는 어려움을 드러내는 것도 힘이 있을 때만 가능하다는 생각을 갖고 있다. 고민을 드러낸다고 정답이 뚝딱 나오는 것이 아닐 뿐더러 위의 후배가 말한 것처럼 상처 입을 확률이 언제나 더 크기 때문이다. 그런데 열 번 시도하면 최소한 한 번은 나를 흔들어 깨우는 답을 얻을 수 있고, 설혹 답을 얻지 못해도 열 번을 시도하면서 이미 내가 성장해 있음을 깨닫는 경험은 표현할 수 없을 만큼 값지다.

사회 초년생일 때 만나 지금까지 연을 맺고 있는 나의 멘토는 내가 고민을 들고 찾았을 때 그야말로 단 한 번도 내 편을 들어준 일이 없었다. 늘 나더러 잘못했다고 했다. 첫마디는 언제나 '네가 잘못했네'였다.

"네가 한 말 다 맞는데, 조직에는 조직적 커뮤니케이션이라는 게 있다. 너처럼 말하면 누가 귀담아 듣겠냐."

"거짓말하지 마라. 너는 지금 너의 조직관리 이력에 흠잡힐까봐 욕심내고 있는 거다. 그 직원 다른 팀 가게 놔줘라."

뭐, 이런 식이었다. 심지어 그분과 업무 관련 첫 대화는 "니는 이걸 내한테 결재하라고 준 거가, 코 풀라고 준 거가."였다. 당장은 서운했지만 곱씹을수록 맞는 말이라 찾아가고 또 찾아간 것이 지금에 이른 것이다. 그 덕에 열 번 할 삽질을 서너 번으로 줄일 수 있었던 것 같다.

위 직원교육에서 강사가 말한 '고민을 의논하고 따를 만한 선배'는 결국 내가 만드는 것 아닐까. 한번쯤 드러내보면 좋겠다. 계속 두드려보면 좋겠다. 평화학 연구자 정희진의 말처럼 "변화와 성장은 고통을 '자원화'할 때 가능"하기 때문이다.

윗사람 **나오라고 해!**

일선에서 일하는 직원의 실수를 허용하고 재량권을 부여하자.
그런다고 나태해지거나 막 나가는 직원은 없다. 그리고 고백하자면
일선 직원에게 재량권을 부여할 때 윗사람은 더 편해진다!

#1.

"민원이 발생했는데…… 윗사람을 바꿔 달래요……."

직원 A가 걱정스러운 얼굴로 보고를 한다. '윗사람'인 나는
담당자선에서 처리하라고 답했다.

A는 민원인과 합의점을 찾아보려 했다. 문제는 A가 맡고
있던 문화강좌였다. 한 강좌의 수강생이 강사 재량으로 별
도 책정하는 재료비가 비싸다는 민원을 제기한 것이다. A
는 민원인과 강사와 번갈아 통화하며 조율했지만 최종 결
과는 '수강생 전체에게 재료비 절반을 돌려주고, 다음 분기
부터는 강의하지 않겠다'는 강사의 통보였다. 몇 번 비슷한
불만에 시달려온 강사가 하필 이 시점에 돌을 던진 것이다.

이미 다음 분기 강좌를 홍보하는 리플릿은 인쇄되어 입고
된 상태고, 강좌는 강사가 소유한 시설에서 진행되던 것으
로 하루 이틀 새에 그만한 시설을 가진 강사를 섭외하는 것
은 무리였다.

A가 잘못한 걸까? 아니다. A는 담당자 선에서 잘 처리한 것이고
이제부터가 '윗사람' 몫이다. 나는 문화 강좌는 새로 기획하면 되
니 폐강하자고 했다. 리플릿은 번거롭지만 스티커 처리하고 폐강
문의에 대한 답변 매뉴얼을 정리해 상담원들까지 공유했다. 본부
장에게도 폐강이 불가피하고 그로 인한 특별한 위험요인이 존재
하지 않으며 고객에게는 최선을 다해 변동사항에 대한 고지 의무
를 이행하겠다는 내용으로 보고를 마쳤다. 애쓴 담당자에게는 고
생 많았다고 말했다.

#2.
"이 부서 최고 책임자가 누구죠?"
민원인이 사무 공간까지 직접 찾아왔다. 얘기인즉 아래층
행사장을 찾았는데 직원의 응대가 불손했다는 거다. '최고
책임자'인 나는 더 듣지도 않고 곧바로 죄송하다고 했다.
경험상 곧바로 사과하면 그다음에는 할 말이 없어진다는
걸 알기 때문이다. 전후사정을 들어보고 사과를 하더라도
하겠다고 들면 얘기하는 중에 서로 열불만 나기 십상이다.

백배사죄에 가라앉는 민원인을 보며 쉽게 끝나나 싶었는데 이번에는 "저랑 지금 행사장으로 같이 가서 그 직원에게도 사과하라고 시켜"달란다. 역시 곧바로 거절했다. 직원에게 친절교육을 하는 것은 내 직무 범위 안에 있지만 직원의 내심의 자유를 침해해 가며 사과를 강요하는 건 상급자라도 불가능한 일이며 해서도 안 되는 일이라고 단칼에 잘랐다. "그러면 같이 내려가 친절교육을 해달"란다. 나는 내려가서 해당 직원이 아닌 행사장 스태프 전체를 모아서 "바쁘고 일손 몰리더라도 정중하고 친절하게 응대 바란다."는 공지를 했다.

아마도 민원인은 내가 자신의 앞에서 그 직원을 '교육을 빙자해 꾸짖는' 장면을 상상했던 것 같다. 성에 안 찼는지 불손했다는 직원을 붙들고는 다시 내게 사과시켜달라고 한다. 목소리를 높여 아까 한 말을 반복하고 더 이상의 요구는 들어드리기 어렵다고 하자, 오히려 직원이 상황 파악을 하고는 죄송하다고 하며 마무리가 됐다. 직원은 내게 자신이 불손하지 않았음을 설명하고자 했다. 나는 설명하지 않아도 안다고, 하던 대로 하면 되고 고생 많다고 하고 사무실로 돌아왔다.

어떤 경우든 일선에서 일하는 직원에게 되도록 많은 재량권을 부여하는 것이 좋다. '평화적 갈등 해결과 비폭력 대화'에 대한 강의를 들은 적이 있다. 갈등을 부르는 대화법을 소개하는데 그중 하나가 '나는 어쩔 수 없다는 식의 대화법'이었다. 규정이기 때문에, '원칙이 그렇기 때문에', '저한테는 권한이 없기 때문에' 같은 말들은 폭력적 대화법이라는 것이다. 그 말의 앞뒤로 죄송하다는 말을 붙여봐야 이미 갈등은 시작된단다. 그런데, 일선 담당자에게 재량은커녕 작은 실수도 허용하지 않는 분위기라면 담당자는 본의 아니게 폭력적 대화 말고는 할 수 없게 된다.

신참일 때 광고집행 업무를 맡았었다. 어느 매체에 광고를 집행할지 정하고 협의하는 게 일이었는데 대략의 가이드라인이 정해져 있어 나는 그에 따라 진행하면 됐다. 그달의 광고 집행계획을 다 짰을 때 전화가 왔다. 잡지사 광고영업 담당자였는데 양쪽 대표님들끼리 잘 아는 사이라 다 얘기가 됐으니 이번 달에 광고를 진행하자는 것이었다. 선임에게 의논했더니 선임은 "우리 회사 그런 회사 아냐. 그 업무에 대해서는 네가 책임자니까 신경 쓰지 말고 네 생각대로 해."라고 한다.

나는 원래 계획대로 집행하면서도 이래도 되나 싶은 마음이 한편에 있었다. 그리고 얘기를 들었는지 며칠 후 대표가 우리 부서로 성큼 들어와 내 이름을 부르더니 웃으며 "나 신경 쓸 거 없어. 고생해~!" 하고 간다. 지내보니 이곳은 일선의 직원이 전권을 갖고 있다는 생각으로 일하면 되는 회사였다. 의사결정은 간편하고 직원들은 적극적일 수 있었고 윗사람은 괜한 민원이나 청탁에 시달릴 일이 없었다.

이런 일도 있었다. 선임으로부터 모 잡지와 우리 회사를 홍보하는 특집 기사를 싣는 대신 광고를 집행하기로 했으니 후속작업을 하라는 지시를 받았다. 나는 아직 신참이었다! 취재하러 온 기자에게 광고 거래 이야기를 했다. 알고 보니 그건 금기였다. 있는 대로 자존심이 구겨진 기자는 장장 6페이지에 걸쳐 회사를 썹는 기사를 냈다. 기사만 보면 회사는 곧 망할 것 같았다. 선임은 기자와 편집장에게 죄송하다는 전화를 한참 돌렸다. 신참인 내가 할 수 있는 일은 호된 질책을 각오하는 것뿐이었다.
그런데, 딱히 혼내는 사람이 없었다. 엎질러진 물을 갖고 힘뺄 필요 없다며 이제라도 알면 됐다는 정도의 분위기였다. 실수가 허용되는 분위기는 오히려 직원들에게 적극성과 책임감을 갖게 만들었다.

따지고 보면, 직원들이 대응을 잘못해서 윗사람을 찾는 게 아니다. 담당자 선에서 할 수 있는 일이 없다 보니 윗사람을 찾는 것이다. 이런 조건에서는 담당자가 아무리 유능해도 상황은 복잡해질 수밖에 없다. 있는 대로 복잡해진 후 해결에 나서 봐야 어떤 경우에도 산뜻한 결말은 기대할 수 없다.
일선에서 일하는 직원의 실수를 허용하고 재량권을 부여하자.

그런다고 나태해지거나 막 나가는 직원은 없다. 그리고 고백하자면 일선 직원에게 재량권을 부여할 때 윗사람은 더 편해진다! 그런다고 크게 잘못될 일 없고 어쩌다 좀 꼬이더라도 그때만 나서서 풀면 되니까. 혹시나 싶어 덧붙이자면, 나서야 할 때는 확실히 나서서 내 책임 하에 풀겠다고 생각해야 한다. 그때도 아랫사람에게 책임을 미루면 '당신은 뭐하는 사람이야?' 소리를 듣게 될 테니.

팀장들의 마음의 소리

팀장의 조언을 듣고 비뚤어지고 싶을 때 한번쯤 떠올려보면 좋겠다.
'어쨌든 내가 발전 가능성이 있다고는 보고 있구나'라고.

실무자 시절, 팀장은 내게 "자기 PR을 좀 했으면 좋겠어."라는 말을 했었다. 나는 일 열심히 하면 되지 누가 나를 알아주길 바라고 PR에 에너지를 쏟는 건 낭비라고 생각했었다. 그런데 수년 후, 내가 팀원에게 같은 말을 하고 있었다. 일 열심히 하고 잘하는 거 알겠는데 자기 PR도 좀 했으면 좋겠다고 말이다. 그런데, 속마음은 이런 거였다.

'무슨 일을 하고 있는지 모르겠어. 보고를 좀 하던가 무슨 수를 냈으면 좋겠어.'

실제로 예전 나의 팀장도 1년쯤 지난 후에는 정색을 하고는 "앞으로 무조건! 네 업무의 3분의 1은 보고하는 데 할애해라. 문서든 메일이든 구두든 상관없으니까, 보고를 네 업무의 중요한 부분으

로 생각해서 챙겨달라."고 했더랬다. 자기 PR 하란 말을 못 알아
들으니 좀 더 직접적으로 표현한 것이리라.

팀장들이 듣기 좋은 말로 하는 얘기들에는 사실 숨은 뜻이 있
다. 주변의 관리자들에게 사례를 모아봤다.

"당신 일 많이 한 거 알아. 올해는 쉬엄쉬엄 하면서 후배
양성을 했으면 좋겠어."
마음의 소리 : '언제까지 실무를 할 생각인 거야? 진급은 안 할 거야?
계속 실무만 붙들고 있겠다는 생각이라면 진급은 포기해.'

"업무를 종합적으로 보는 훈련을 해봐."
마음의 소리 : '도대체 지금 하는 일이 뭔지 파악은 하고 있는 거야?'

"프로세스를 챙기기보다는 기획업무를 더 신경 써봐."
마음의 소리 : '루틴하게 돌아가는 프로세스에 따라 일하는 건 신입도
할 수 있어. 당신 연차에 그것만 하겠다는 건 곤란해.'

"슬로우 스타터라는 거 알겠는데, 시동 거는 순간을 조금만
당겨주면 좋겠다."
마음의 소리 : '왜 우리가 너를 기다려줘야 해.' 또는 '나나 되니까 기
다려주지, 다른 팀 가면 힘들 걸? 좀 더 빠르게 몰입해줘.'

언니의 따뜻한 말 한마디

"커뮤니케이션을 할 때 조금만 유연했으면 좋겠다."

"일할 때 융통성을 좀 발휘하면 좋겠다."

마음의 소리 : '제발 고집 좀 그만 부려!'

"지금까지 개인플레이어로서 보여줄 수 있는 최상의 모습을 보여줬어. 이제 연차도 있으니 팀플레이어로서의 면모를 보여주면 좋겠어."

마음의 소리 : '혼자 일하지 말고 동료들과 소통하고 도우면서 일하면 좋겠다.'

"업무 오거나이징에 신경을 쓰라."

마음의 소리 : '두서없이 일하지 말라, 체계를 좀 잡고 일하라.'

의미 전달을 정확히 하기 위해 마음의 소리는 과장을 심하게 했음을 먼저 밝힌다. 진짜 마음의 소리는 '내 얘기를 알아들어줘. 변화 발전해주길 바라'이다. 그래도 좀 덜 추상적으로 얘기할 수 없겠나 싶기도 하지만, 어차피 팀원과 팀장 관계라는 게 마냥 솔직할 수 없다는 한계가 있다. 그 속에서 수용도를 높일 수 있도록 나름의 노력을 해보는 것이다. 실제로 나의 팀장이 나더러 "무슨 일을 하는지 모르겠어. 보고를 자주 하든가 무슨 수를 좀 내봐."라고 하면 비뚤어지고만 싶을 것 같다.

팀장들이 꼭 애정이 넘쳐 조언을 하는 것은 아니다. 팀장 본인

편하자고 팀원들에게 이런저런 주문을 하는 경우가 더 많을 것 같다. 하지만, 그마저도 애정이 없거나 바뀔 가능성이 없어 보이면 굳이 붙잡고 앉아 조언을 하게 되지는 않는다.

조금만 유연한 커뮤니케이션을 하면 좋겠다는 말에 "그건 팀장님도 마찬가진데요?" 했던 팀원이 있었다. '알겠다'고 하고는 신경 끊고 지냈던 경험이 있다. 관리자로서는 한정되어 있는 관리 코스트를 배분할 수밖에 없는데 인풋 대비 아웃풋이 기대되지 않는 곳에 비용을 들일 수는 없는 노릇이니까. 애정이 있고 변화 발전할 가능성이 있어 보일 때 마주 앉게 된다.

팀장의 조언을 듣고 비뚤어지고 싶을 때 한번쯤 떠올려보면 좋겠다. '어쨌든 내가 발전 가능성이 있다고는 보고 있구나'라고. 마음이 조금 가라앉으며 팀장의 말 속에서 내가 취해야 할 것들이 무엇인지 가늠해보는 여유를 가질 수 있을 것이다. 이번 글을 쓰면서 사례 조사에 응한 팀장들은 이렇게 말한다.

"포기하기 전에, 그러다 도태되기 전에 알아듣고 바뀌어주었으면 좋겠어."

언니의 따뜻한 말 한마디

팀장들의 좀 더
노골적인 마음의 소리

자기 입장에서 벗어나 상대와 상황을 해석하려는
노력이 중요하다. 그럴 때에 성장이 가능하다.

#1.

"걔가 뭘 했다고 S를 받아? 내가 올해 처리한 상담 건수가
걔의 20배도 넘어. 악성 민원, 복잡한 민원 다 내가 도맡았
는데 어떻게 걔한테 S를 줄 수가 있어? 걔가 영업지원 나
갔다고? 나가서 뭐했는데! 실적 엉망이라고 소문 다 났는데
어떻게 걔가 S야!"

상담센터 과장 A의 분노에 찬 하소연이다. A는 팀장을 찾
아가 항의를 했다. 평가가 공정하지 못하면 어떤 직원이 일
을 하겠냐, 웬만해야 넘어가지 정량지표에서 엄청난 차이가
나는데 누가 봐도 의문을 가질 수밖에 없지 않겠냐고 퍼부
었다.

이번엔 팀장의 말을 들어보자.

"우리 팀에 과장이 둘이야. 사실 상담 업무는 과장이 안 해도 돼. 매뉴얼대로 하면 되는 상담이 전체의 70%란 말이야. 연초부터 A한테 신규 유형이나 악성 상담 정도만 소화하고 나머지는 아래 직원들 시키라고 했는데 잘 안 먹히더라고. 과장이니까 상담 시스템 개선이나 영업지원 같은 난이도 높은 업무를 해주길 바라는데, A는 바쁘다고 칼같이 잘라. 바쁘겠지, 그 많은 상담을 처리하는데 안 바쁘겠어. 영업지원 누가 나가고 싶어, 실적 안 나오는 거 뻔히 아는데. 어쩌다 실적 나와도 영업팀 공으로 돌아가지 상담팀까지 오나. 그런 거 감당하는 것까지가 상담팀 몫이고 과장급 몫인데 부담스러운 건 절대 안 하려 하니…… 다른 과장 혼자서 다했지. 처음엔 같이 하게 해봤는데, 따박따박 자기 바쁜 상황 얘기하고 말이 많으니까 나중엔 찾지도 않게 되더라고. 과장이면 좀 의지가 돼야 하는데, 의지가 안 돼."

#2.

"네? 또 바꾼다고요? 왜 매번 중간에 이렇게 바뀌는 거죠? 지금까지 진행한 건 어떻게 해요. 걸쳐 있는 업체가 한두 군데가 아닌데 뭐라고 설명해요. 그동안 이거 빨리 해야 한다고 얼마나 재촉을 했는데…… 자꾸 이렇게 바꾸면 제가 뭐가 돼요. 지난번에도 작업 중간에 다 취소했었잖아요. 근데 또 수정해야 한다고 하면 뭐라고 하겠어요. 제 말 듣겠어요? 아우, 전 못해요."

프로젝트 중간에 또 수정사항이 생기자 담당자 B가 신경질적으로 항의를 한다. 팀장은 이렇다 저렇다 말이 없고, 결국 B는 자리로 돌아가 업체들에 양해를 구하는 전화를 돌렸다. 팀장은 무능해 보이고 그 밑에서 뒤처리에 여념 없는 B가 측은해 보이는가. 이번에도 팀장의 말을 들어보자.

"프로젝트 요구 사항이 중간에 바뀌는 게 이상한 일이야? 항상 있는 일 아니야? 처음 기획이 그대로 끝까지 갔던 프로젝트가 내가 입사한 후 단 한 번도 없었구만. B는 왜 매번 그 난리인 거야? 업체들에 전화하고 스케줄 다시 짜고 어레인지(arrange)하는 게 자기 일이지, 그럼 그걸 누가 해. 변수 없이 계획대로 예상대로 돌아가면 그게 일이야? 예측하지 못한 상황들을 관리하는 게 진짜 일이지. 그리고, 어차피 할 거 흔쾌히 하면 큰일 나? 왜 저렇게 미움 받을 짓을 하나 모르겠어. 여러 번 말했는데 소용없어."

#3.

"아무개 대리가 분명히 10일까지만 하면 된다고 해서 그렇게 준비했는데, 이제 와서 그렇게 말한 적이 없대요. 그럼 누구 잘못이냐, 내가 잘못 들었다는 거냐 하니까 '그건 알 수 없죠' 하는 거예요. 장난하는 것도 아니고, 알 수 없긴 뭘 알 수가 없어요. 그럼, 아무도 그렇게 말을 안 했는데 나 혼자 10일에 맞추겠다고 춤췄다는 거예요? 그리고, 태도도 그게 뭡니까. 그런 일이 있었냐, 어떻게 된 건지 알아보겠다고 하는 게 기본 아니에요? 일 그렇게 하면 안 되죠! 이건 팀장님이 가르치셔야 하는 문제라고 생각해서 찾아왔어요."

옆 팀 C과장이 일부러 찾아와서 열변을 토하고 간다. 어르고 달래서 보낸 후 팀장이 하는 말은 다르다.

"C과장은 언제쯤 철이 드는지. 누가 실수 좀 했다 싶으면 그거 꼬투리 잡아서 요절을 내야 잘하는 줄 알아. 10일이라고 잘못 말했는지, 지가 잘못 알아들었는지 그걸 어떻게 밝힐 거야. 근데, 일단 지는 절대로 잘못 들었을 리가 없다는 거잖아. 상대방이 잘못했다 해야 하는데 안 한다고 저 난리인 거야. 내가 아까 통화하는 것 들었거든. 우리 대리가 죄송하다고 스무 번은 넘게 말하더라고. 근데, 직성 안 풀려서 나한테까지 온 거야. 우리 대리는 잘잘못 따지는 건 의미 없으니 그로 인한 문제가 뭔지 들으려 했던 거 같은데 말도 못하게 하드만. 저러니 누가 같이 일하려고 해. 저러다 얼마 못 가지……."

아마 그동안 팀장들은 좋은 소리로 몇 번 얘기를 했을 것이다. 과장급에게 요구되는 역할에 도전하기를 바란다거나, 변수를 관리하는 게 중요한 능력이라거나, 대안 중심적 커뮤니케이션을 하는

언니의 따뜻한 말 한마디

훈련을 해보라는 등의 조언을 했을 건데, 받아들여지지 않으니 이제는 아예 입을 다물고 만 것일 터다. 나 역시 셋 모두와 약간의 친분관계가 있음에도 아무런 이야기를 못했다. 세 사람 모두 '나는 추호도 틀리지 않았다'고 굳게 믿는 사람들이었기 때문이다.

생각해보면, 정도의 차이가 있을 뿐 사람들은 일단 자기 입장에 갇히기 마련이다. 그래서 중요한 건 치열한 객관화다. 객관화가 너무나 어렵기에 치열해야 한다는 표현을 썼다. 자기 입장에서 벗어나 상대와 상황을 해석하려는 노력이 중요하다. 그럴 때에 성장이 가능하다.

2장. 21세기 직장에서, 당신에게 일어날 수 있는 일

당신이 매번 당하는 '진짜' 이유

매번 나만 당한다고? 그것은 당신이 선택한 결과일
확률이 크다. 그렇다면 이제는 다른 선택을 생각할 때다.

"전에 얘기했던 그 짜증나는 애 있죠. 이번에 다시 한 팀이
됐어요. 하나도 안 변했어요. 기본적으로 자리에 있지를 않
아요. 걔 찾으러 다니는 게 일이에요. 일은 하나도 안 하면
서 팀 프로젝트에 이름 걸쳐놓고 밖에서 온갖 생색은 다 낸
다니까요!"

"네가 선임이라며. 뭐라고 한마디 해."

"어휴, 그랬다가 난리 나요. 지난번 한 팀일 때도 그랬다가
저만 나쁜 사람 됐잖아요. 한마디 했다간 팀장한테 가서 없
는 얘기까지 지어내서 울고 짜고 할 애예요."

"그럼 팀장이랑 먼저 의논해서, 일 좀 가르쳐볼 테니 와서
불평하더라도 받아주지 말아달라고 해보면 어때?"

"우리 팀장이 그럴 사람이 아니에요. 괜히 시끄럽게 하지 말자는 주의예요."

못돼먹은 후임을 눌러줄 방법을 고민하는 후배와 나눈 대화의 일부다. 이런저런 방법을 제안해봐도 후배가 처한 상황에서는 통하지 않을 것처럼 보였다. 직장생활을 하다보면 알미운 동료나 후배, 부당한 상급자 때문에 스트레스 받는 일이 부지기수다. 그때마다 이른바 '싸움의 기술'을 알려달라는 주문을 받는데, 대화의 양상은 대부분 위와 같다. 할 수 있는 게 없다는 결론으로 흐르는 것이다. 그런데, 정말 방법이 없어 못하는 걸까? 그렇지 않다. 싸울 마음이 없는 게 문제다.

싸움의 기술이라는 건 없다. 중요한 건 리스크를 안을 생각이 있는지 여부다. 상대방에게 어떤 행동을 취하기로 작정할 때는 항상 리스크가 따른다. 예상되는 리스크를 부담하겠다는 결심이 있어야만 싸움에 임할 수 있다. 후배에게 나는 이렇게 말했다.

"너는 100% 안전이 보장된 상태에서 상대방만 다치게 할 방법을 찾는 거지? 그런 건 없어. 어떤 리스크도 부담할 생각이 없다면 그냥 참고 당해야지 뭐."

후배는 참아 버릇해서 그런지 점점 더 리스크만 크게 보인다고 한숨을 쉰다.

맞다. 싸움도 자꾸 해봐야 느는 법이다. 싸움을 부추기려는 것이 아니다. '싸움'이라고 표현했지만 실상은 직장에서 부딪치게 되는 갈등 또는, 문제 상황에서의 해결 능력에 대한 이야기를 하는 것이다. 싸움이 는다는 것은 갈등을 관리하고 문제를 해결하는 능력이 는다는 뜻이다. 그저 참는 것으로는 키울 수 없는 것들이다.

참기만 하다보면 갈등의 원인이 무엇인지 문제의 핵심이 무엇인지 끝내 알 수 없게 된다. 나의 후배도 2~3년 만에 다시 만난 후임과의 갈등을 이전과 똑같은 방식으로 다루고 있다. 그래서, 그때나 지금이나 '후임은 나쁜 아이이고, 내가 할 수 있는 것은 없다'는 결론밖에 내지 못하고 있다. 이것은 엄밀하게 말하면 참는 게 아니라, 갈등과 문제 상황에서 회피를 택하는 것이다. 리스크를 감당할 자신이 없기 때문에.

사실, 막상 부딪쳐보면 직전까지 크게 보였던 리스크가 아무것도 아니라는 걸 알게 된다. 원래 상상 속의 괴물이 더 무서운 법이니까. 부딪쳐보면 딱히 다칠 일이 없다는 것도 알게 되고, 갈등이나 문제를 해결하는 다양한 방법도 익히게 된다.

> 잡지를 창간하면서 분에 넘치는 필자 A를 섭외했다. 시간이 흘러 잡지 발간이 안정된 단계에 접어들고 다른 필진들의 수준이 올라가면서 A에 대한 관리가 부담스러워졌다. 예컨대, 다른 필진들은 아이템 발굴에 적극적이고 직접 취재도 다니는 반면, A는 아이템은 물론 인터뷰이까지 세팅된 상태에서 인터뷰에 나섰고 첫 단추를 그렇게 꿴 탓에 잡지 담당 직원들이 A의 인터뷰에는 항상 동행해야 했다.

A는 정해진 아이템에 늘 비판적이었고 직원들이 어렵게 섭외한 인터뷰이를 거절하기도 했다. 직원들은 A를 '피곤한 공주님'으로 인식했고 A의 사소한 한마디에도 스트레스를 받고 예민해져갔다. 교통정리가 필요했지만 리스크가 컸다. 업계에서 영향력 있는 A의 심기를 건드리고 싶지 않았던 것이다.

고민 끝에 직원 한 명이 나섰다. 그러고도 오랜 시간 할 말을 정리하고 연습하고 주변에 의견을 구했다. 그리고, 드디어 '그간 감사했고, 새로운 필자를 발굴하고 육성하는 것도 우리 역할이라 선생님과는 다른 인연으로 뵙는 게 좋겠다'고 이야기를 했다.

우려와 달리 A는 흔쾌했다.

"나도 너무 오래해서 그만해야 하는데, 하고 생각하고 있었어요. 그동안 즐거웠어요! 건승을 바랄게요."

이 말이 전부였다. 그렇게 커보였던 리스크는 온 데 간 데 없었다. 그동안도 A는 공주였던 적이 없었을지 모른다. 리스크에 대한 부담으로 아무것도 할 생각이 없었던 직원들이 일종의 대안으로 A를 못된 공주라고 믿어버린 것일지도 모르겠다.

후배에게 말했다.

"후임은 나쁜 사람이라고 결론을 내기 전에 정말 문제가 뭔지 제대로 보겠다는 생각이 필요해. 그리고, 리스크를 안겠다는 생각을 해야 갈등을 관리할 수 있어. 너는 아무것도 할 생각이 없다면 이제 문제는 후임이 아니라 네가 되는 거야. 조금만 지나면 후임 하나 감당 못하고 쩔쩔맨다는 소리 들릴 걸?"

후배는 "제 팀장이랑 얘기하는 거 같아요. 팀장도 데리고 가르치라고 했어요. 제 동기는 지난번에 걔 데리고 프로젝트 잘 끝냈거든요. 이젠 제 차례인 건데, 잘못돼서 그나마 쌓아온 거 다 엎어질까봐 걱정이에요. 제가 정말 강단이 없나 봐요." 한다.

업무 역량을 키우기 위해 노력했듯 갈등관리, 문제해결 역량을 키우기 위해 노력한다는 생각으로 부딪쳐보라고 했다. 아무것도 엎어지지 않는다. 조금 엎어지더라도 금세 다시 쌓을 수 있다. 생각해보면 쌓아두었다고 생각한 것도 별 볼 일 없을 때가 많지 않은가.

영화 「매트릭스」 마지막 장면에서 주인공 네오는 아직 매트릭스 안에 갇혀 있는 미래의 전사들에게 말한다.

"어떻게 끝날지를 말하려는 것이 아니다. 어떻게 시작할지를 말하려는 것이다. 그다음은 너희가 알아서 결정하면 된다."

갈등과 문제 상황 앞에서 리스크를 계산하며 어떻게 끝날지만 생각하면 아무것도 할 수 없다. 어떻게 시작할지에 훨씬 공을 들여야 한다. 그리고, 선택은 자신의 몫이다. 매번 나만 당한다고?

언니의 따뜻한 말 한마디

그것은 당신이 선택한 결과일 확률이 크다. 그렇다면 이제는 다른 선택을 생각할 때다.

2장. 21세기 직장에서, 당신에게 일어날 수 있는 일

직무적성검사 현실판

한참을 투덜대다 우리가 낸 결론은 이거였다.
"답답하면 당신이 팀장 하든가."

직무적성검사를 치른 적이 있다. 응시생들 사이에서 까다롭고 성적 안 나오기로 소문난 과목은 상황판단 영역이었다. 내 식대로 풀이해보면 이 과목의 특성상 정답으로 보이는 보기가 여러 개이기 때문에 어렵게 느껴지는 것 같다. 상황판단 영역은 지문에 제시된 여러 조건을 종합해 가장 올바른 판단이 무엇인가를 묻는 과목이다. 보기를 보면 가장 올바른지는 모르겠지만 딱히 틀리지도 않는 판단들로 구성되어 있다보니 헷갈리는 거다. 요령이 있다면, 지문에 제시된 조건에서 핵심 쟁점이 무엇인지부터 판단해야 정답을 고를 수 있다는 것.

정답으로 보이는 게 여럿인 상황은 어떤 걸까. 시험이라는 것의 특성상 치르고 나면 싹 잊어서 시험에 나왔던 지문의 예를 들어

설명하는 건 무리다. 하지만, 현실의 예는 무궁무진하다. 한번 풀어보자.

#1.

근무하던 사무실이 이사를 하면서 큰 건물에 세를 들게 됐다. 이곳 여건상 사무 공간 청소는 일주일에 한 번만 해준단다. 주중에는 쓰레기통을 직접 비워야 하는 등의 몇 가지 번거로움이 있었는데, 문제는 대표실이었다. 누군가 매일 대표실의 쓰레기통을 비우고, 사용한 컵을 씻고, 테이블을 정리하는 등의 일을 해야 할 상황이다. 누가 이 일을 맡는 것이 적당하겠는가.

A : 대표가 직접 할 일이다. 오래 걸리는 일도 아니고 그 정도는 대표가 직접 해도 되는 일이며, 수평적 조직문화를 지향한다는 차원에서도 바람직하다.

B : 아무도 하고 싶지 않은 그러나 어쩔 수 없이 해야 하는 잡무이므로 대리급 이하 직원들이 순번제로 돌며 업무 부담이라도 줄이는 쪽으로 하는 게 좋겠다.

C : 왜 대리급 이하인가. 팀장까지 포함해 전체 직원이 돌아가며 하자.

D : 대표실 정리는 잡무가 아니라 대표 보좌 업무에 해당하고 대표 보좌 업무는 사무 규정에 따라 관리팀 사무이

2장. 21세기 직장에서, 당신에게 일어날 수 있는 일

므로 관리팀에서 담당자 한 명을 지정하면 된다.

시험 문제로 치면 네 개의 보기가 주어진 셈이다. 어떤 것을 고르겠는가.

#2

공공기관에서의 일이다. 세 개의 팀에 계약직 TO는 두 명이었다. 2년 넘게 A, B팀에서 계약직을 썼는데 갑자기 C팀에서 우리도 필요하니 계약직원 배치를 조정하자고 한다. 세 팀의 팀장이 모여 앉았다.

A팀 : 계약직원이 맡고 있는 업무가 안내 데스크 업무로 자리를 비울 수 없는 일이고 대체할 인력도 없으므로 우리 팀에 한 명을 무조건 배치해야 한다.

B팀 : 계약직 인건비는 B팀 사업비에 속한 예산이므로 예산 근거에 맞게 두 명 모두 우리 팀으로 배치해야 한다.

C팀 : 예산 근거와 무관하게 지금까지 필요한 팀에 배치해 왔고, 그 관례에 따라 현재 C팀에 급박한 사유가 생겼으니 C팀에 배치해야 한다.

당신이라면 어떤 상황판단을 하겠는가.

#3

역시 공공기관의 사례다. 시민 대상 문화강좌로 쿠킹 클래스를 운영하기로 하고 수강신청 날짜까지 공지가 나간 지 오래인데, 접수 시작 이틀 전, 갑자기 강사가 개인 사정으로 강의를 못하겠다고 알려왔다.

A : 다행히 우리 기관에서 지원하는 베이커리가 있으니 그 쪽에 맡기자. 평소 친분도 있고 유료 강좌라 크지는 않아도 수익이 발생하니 무리한 부탁이기는 하지만 거절하지 않을 것이고, 갑자기 강좌를 취소하는 것은 공신력에도 문제가 된다.

B : 강사 선정 과정은 투명해야 하는데 급하다고 아무런 절차도 없이 기존에 지원하고 있는 곳으로 정할 수 없고 더구나 수익이 발생하면 이중으로 지원 혜택을 주는 것이라 안 된다. 취소하고 어쩔 수 없는 사정을 빠르게 그리고 충분히 공지하는 쪽으로 일을 풀어야 한다.

어떤 상황판단이 적절하겠는가. 모두 내가 겪었던 일들인데, 축약해 적었지만 현실에서는 각자의 주장이 끝이 없었고 최종적으로 정리되기까지 한 달이 걸린 일도 있었다. 어떻게 결정해야 할까. 내가 응시했던 직무적성검사 출제 기관에서는 각 과목의 공부 요령을 홈페이지에 이렇게 정리해두었다.

상황판단 영역의 공부 요령은 "평소 토론을 자주 하되 결론을 미리 정해두지 않고 토론하는 습관을 들이는 것이 좋습니다."라고 적혀 있었다. 간단해 보이지만 우리는 토론에 앞서 이미 자기 결론을 갖고 있는 경우가 많다. 이것은 시험으로 치면 여러 조건이 주어져 있는 지문을 아예 안 읽거나 일부만 읽고 문제를 푸는 것과 같다.

시험공부를 했던 경험과 현실에서의 경험을 종합하면 상황판단에서 중요한 것은 핵심 쟁점을 파악하는 일이다. 핵심 쟁점을 파악하려면 내가 어떤 조건의 상황에 처해 있는지 알아야 한다. 그러자면 여럿의 의견을 듣는 것이 유리하다. 여럿의 의견을 들어 주어진 조건을 확인했다면 그중 구조와 시스템에서 기인한 조건과 개인의 선호나 주관에서 기인한 조건을 구별해야 한다.

구조와 시스템에서 기인한 조건이 핵심 쟁점인 경우가 많다. 둘 다 구조와 시스템에서 기인한 조건이라면 그중 어떤 것을 기준으로 삼았을 때 당초의 목적을 달성할 수 있는지를 생각해보면 좀 더 명료해진다.

예컨대, 〈사례 1〉에서 '수평적 조직문화 지향'을 쟁점으로 삼는다면 대표실 정리를 대표가 직접 하는 것이 수평적 조직문화 달성에 얼마나 기여하는지 또는 그렇지 않을 경우 얼마나 큰 해를 입히는지 판단해보는 식이다.

궁금한 분들을 위해 위 사례들이 현실에서 어떻게 결론이 났는지 적어보겠다. 첫 번째 사례는 대리 이하 전 직원이 돌아가며 정리하는 것으로 결정됐다. 두 번째 사례는 예산 근거에 따라 계약 직원 두 명 모두를 B팀에 배치하는 것으로 결정됐다. 세 번째 사례는 강좌를 취소하고 취소 안내를 충실히 하는 것으로 결정됐다.

첫 번째 경우는 대표의 강력한 의지였고, 두 번째와 세 번째 경우는 공공기관이라는 구조적 특성에서 기인한 쟁점이 판단 근거가 됐다. 즉, 상급기관과 의회의 감사를 정기적으로 받아야 하는 공공기관으로서 회계와 절차의 투명성을 우선해야 한다고 판단한 것이다.

어떤가. 전부 수긍할 만한가. 아마 아닐 것이다. 나의 현실도 그러했다. 두고두고 뒷말이 많았다. 한참을 투덜대다 우리가 낸 결론은 이거였다.

"답답하면 당신이 팀장 하든가."

숫자에 약한 당신에게

'익숙한 것들로부터의 결별'은
업무를 하는 데도 필요하다.

새로운 팀장 둘이 나란히 영입됐다. 9월쯤의 일이었다.
50~60쪽이나 되는 두툼한 분량의 업무보고를 받고난 후
두 팀장의 행보는 달랐는데, A는 곧바로 달려들어 하나하
나 챙기기 시작했다. 경험과 전문성을 발휘해 사업들에 생
기를 불어 넣고 현장을 뛰어다니는 것도 마다하지 않았다.
B는 업무보고는 건성으로 듣는 것 같더니 따로 세 가지를
주문했다. 하나는 사업별 예산과 집행률 현황이었고, 다른
하나는 팀원의 근속 연수 및 승진 대상자 명단이었다. 마
지막으로 최근 3주간의 주간 업무 보고서를 요구했다. B는
이미 9월이니 개별 사업은 담당자들이 하던 대로 하는 것
을 기본으로 하고, 예산액이 큰 사업과 집행률이 저조한 사

업만 따로 물었다. 다음으로는 승진 대상자들이 승진 심사에서 어필할 수 있을 만한 업무를 맡고 있는지를 살펴서 몇 가지를 조정했다. 마지막으로는 주간 업무 보고에서 3주간 진척이 없는 업무에 대한 이유를 묻는 것으로 업무를 시작했다.

불과 한 달 후, 양 팀 직원들의 평가는 갈렸다.

A팀은 "팀장이 대리야, 사원이야. 사사건건 다 참견이야. 그런다고 크게 달라지는 것도 없는데. 지금 이거 챙길 때야? 자기가 왜 현장을 나가냐고. 11월 행사 준비 죽 쑤고 있는데 그건 안 챙기고……." 하는 불만들이 나오기 시작했다.

내가 옆에서 봐도 처음의 호기로움은 간 데 없고 여러 사업 사이를 우왕좌왕하는 것으로 보였다. 간부회의에서도 사업별로 답변이 능란한 것과 그렇지 못한 것이 있다 보니 전체를 파악하고 있다는 느낌을 주지 못했다. A팀장은 간부회의가 끝나면 자신이 미처 답변하지 못했던 사업을 황급히 챙기며 큰일이라도 난 것처럼 굴고는 했다.

반면, B팀에서 가장 많이 들리는 말은 "긴장된다."는 것이었다. 분주하지도 않아 보이는데 핵심적인 것들을 짚어내니 보고할 때마다 평소보다 훨씬 많은 준비를 하게 된단다. 새 팀장에 대한 호감까지는 모르겠지만, 신뢰를 보이는 건 분명했다. 간부회의에서도 마찬가지였다. 대표는 "단번에 핵심으로 들어오는 장점이 있다."며 만족스러워했다.

B가 빠른 시간 안에 팀을 장악할 수 있었던 이유는 별도로 요구한 세 가지에 있다.

팀이든 본부든 조직을 하나 맡으면 반드시 예산과 인사를 먼저 꿰차야 한다. 사업 내용보다 사업별 예산 규모와 집행률을 먼저 챙겨야 전체를 한눈에 볼 수 있다. 대체로 예산이 큰 사업이 중요한 사업이니 챙겨야 하고, 집행이 저조한 사업은 뭔가 문제가 있으니 관리해야 한다. 그런데, 사업 내용부터 시시콜콜 챙기는 관리자들이 있다. 그중 자신 있는 아이템이라도 있으면 '전문성'을 발휘할 기회로 생각해 덥석 달려든다. 그 아이템이 팀장이 챙겨야 할 비중이나 중요성을 갖고 있는지는 따지지 않는다.

인사도 마찬가지다. 팀장으로서 팀원에게 보상해줄 수 있는 가장 명확한 것이 승진이다. 승진 대상이라고 무조건 챙겨주는 것도 모양 사납지만 승진인사나 평가에 무심한 태도는 팀 운영을 어렵게 만든다. 보상을 기대할 수 없게 된 팀원들이 손에서 일을 놓는 건 시간문제이기 때문이다.

이렇게 되면 위에서나 아래서나 좋은 소리 듣기 힘들어진다. 이로 인해 가장 힘들어질 사람은 팀장 본인이다. 위아래에서 무시당하는데 스트레스 안 받을 사람이 세상에 어디 있는가.

'익숙한 것들로부터의 결별'은 업무를 하는 데도 필요하다. A와 B를 가르는 차이도 익숙한 업무들에 안주했는지 아닌지에 있을 것이다. 주변을 보면 "난 숫자에 약해서……. 숫자는 들여다봐도 모르겠어.", "인사는 어렵더라고. 이래도 욕먹고 저래도 욕먹고.", "몰라. 이번 건만 어떻게 처리하고 계약은 이제 절대 손 안 댈 거야." 이런 말들을 하는 사람들이 꽤 있다. 나는 더 늦기 전에 예산, 회계, 계약, 인사, 감사 등의 업무를 배워야 한다고 잔소리를 한다. 그러나 대부분의 사람들이 원래 하던 익숙한 업무를 놓지 않는 선택을 한다. 조금만 해도 잘한다 소리를 들을 수 있기 때문이다.

첫 직장에서 만난 멘토는 나뿐 아니라 모든 직원들에게 예산회계 구조와 흐름, 계약 프로세스를 알아야 나중에 관리자 역할을 제대로 할 수 있다고 수시로 잔소리를 했었다. 아예 관리팀에서 예산회계와 계약 담당자를 초청해 강의를 열고 팀원들이 의무적으로 듣도록 할 정도였다. 행정을 모르는 사람에게는 관리자의 기회조차 오지 않을 수 있다는 경고도 했다.

행정을 모를 때 일어날 수 있는 일들은 이런 거다. 분명히 연초에 신청한 예산 범위에서 집행해야 한다고 들어서 꼼꼼히 따져서 신청하고 펑크나지 않을까 노심초사 하고 있는데, 옆 사람은 관리팀에 전화해 "예산 조정 신청 되죠?" 하더니 뚝딱뚝딱 증감 신청을 한다. 공정성을 위해 입찰에 붙여 계약을 해야 한다기에 하라는 대로 공고 내고 문의 전화 받고 부산을 떨고 있는데, 옆 사람은 2천만 원 이하는 입찰 없이 계약할 수 있다며 며칠 만에 계약을 마친다. 팀장이 행정을 모를 때는 상황이 더 심각해질 수 있다. 팀원 평가 점수를 규정대로 줬는데 본부원 전체 순위에서 자신의 팀원들이 하위권을 장식하고 있다. 다른 팀장들과 달리, 점수 편차를 어떻게 벌여야 본부장이나 대표의 고과 점수에 영향을 덜 받고 자신의 팀원들이 전체 최하위를 면할 수 있는지를 몰랐던 것이다.

내가 가만히 있는데 이런 것들을 가르쳐줄 사람은 어디에도 없다. 방법은 딱 두 가지다. 쫓아다니며 배우든가 시행착오를 거치며 배우든가. 그런데, 둘 다 하지 않은 채 시간이 흐르면 모른다고 말하기도 민망해지는 연차에 도달하게 된다. 이런 경우, 남들보다 늦게 팀장을 다는데다 팀장이 되고 나서도 A의 사례에서처럼 뒤늦은 시행착오에 스트레스를 받곤 한다. 그러다 팀원 중에 행정 업무 좀 하는 친구가 있으면 덜컥 의지해버리는데, 잘못하면 팀장이 휘둘리는 것으로 보이거나 심하면 그 팀원이 일 다 한다는 소리까지 듣게 된다. 더 나쁜 건 팀원이 이런 상황을 악용하는 거다. 회계나 계약 담당자 중에 상전이 많은 것도 관리자들이 행정을 모르기 때문이다.

규모가 작은 직장에 다닐 때의 일이다. 기획팀장과 회계과장은 얘기만 나눴다 하면 언성이 높아졌다. 기획팀장 얘기로는 뭐 하나 시키려고 하면 회계과장은 회계 일이 너무 많아서 절대로 할 수 없다고 하고, 회계 관련한 일을 시켜도 지금 하는 일만으로도 벅차서 못하겠다 한다. 회계 담당자를 바꾸면 간단한 일인데 기획팀장은 그러지 못했다. 회계 담당자를 어디로 보내냐기에 내가 받겠다 했는데도 다른 직원 중 회계 업무를 할 사람이 없어서 안 된다고 포기한다. 기획팀장이 회계 업무에 대한 이해가 있다면 다른 선택지들이 있었겠지만 그렇지 못했다. 마음에 안 들지만 어디서 어떻게 손을 대야 할지 모르고, 담당자를 바꾸려 해도 새로 온 사람이 헤매는 동안 자신이 커버할 수도 없으니 어쩌겠는가. 기획팀장은 계속 그렇게 마음에 안 드는 직원 때문에 속을 끓이며 지냈다. 그나마 이 기획팀장은 회계 과장의 무능을 파악할 수 있는 정도의 내공은 있었다. 그마저 없는 경우도 수두룩했다.

예산이나 회계, 계약, 인사, 감사는 조직 전체를 움직이는 토대 내지 원리이다. 그에 대한 이해가 없으면 운신의 폭이 좁아진다. 선택받을 수 있는 기회도 줄고, 위 기획팀장의 예처럼 선택할 수 있는 폭도 좁아진다.

숫자에 약하다느니, 계약해야 하는 사업은 다시 안 할 거라느니, 인사는 어렵다느니 하는 말은 넣어두자.

"행정을 아는 사람은 영업팀장도, 관리팀장도, 마케팅팀장도 시킬 수 있는데, 행정을 모르면 보낼 수 있는 자리가 한정된다."

예전에 나의 멘토가 했던 말이다. 실제로 겪어봐도 그렇다. 그러니 조금이라도 어릴 때 배워두자. 나중에 '일도 못하는 것들'이 나보다 먼저 승진하는 꼴을 보고 싶지 않다면 말이다.

답답하면 당신이 팀장 하든가!

뭔가 불만이고 답답하게 여겨질 때가 있다면 잘 관찰해보라.
내 생각이 팀장과 다르고 결정권이 팀장에게 있기에 생긴
불만인 경우가 많을 것이다.

서른 중반 몇 년을 계약직 관리자로 지냈다. 관리자급이기는 하지만 업무 영역이 특정 분야로 한정되어 있어 관리자로서 상황을 판단하고 의사결정을 할 수 있는 범위도 제한적이었다. 내가 잘할 수 있는 일만 하면 되니 마냥 좋을 것 같지만 그렇지 않았다.

나와 같은 팀의 A는 내부에서 충분히 소화 가능한 일을 큰 돈을 주고 외주로 넘겨버렸다. B는 중요한 사업을 맡아 추진하다 힘에 부치자 사업 내용을 완전히 바꾸고는 은근슬쩍 넘어가려 한다. C는 지금 있는 영상 장비가 고장 났다는 D의 말만 듣고 거액의 영상 장비를 새로 구매한다. D는 그렇게 새로 구매한 영상 장비를 개인 여행에서 개시할 요

언니의 따뜻한 말 한마디

량이다. 내 판단과 다르고 바로잡고 싶지만 나는 관여할 수 없었다. 권한이 없기 때문이다.

내게 권한이 없다는 것, 그것이 너무나 불편하다는 것을 자각하게 해준 이는 새로 온 팀장이었다. 이전 팀장들과 달리 새 팀장은 팀 전체 회의를 열지 않았다. 팀원들과 1대 1로만 상대했고 업무 담당자의 의견을 100% 수용하는 스타일이었다. 내 업무를 하는 데는 더없이 좋았지만, 다른 업무에는 개입은커녕 사소한 의견조차 낼 수가 없었다. 그래서 위와 같은 상황에서 내가 할 수 있는 것은 뒷담화 말고는 없었다. 팀장이 다 괜찮다는데 뭐라 할 것인가.

친한 동료들과 만나 B의 사례를 두고 열을 냈다. 연초에 이러저러한 사업을 하겠다고 기안을 했다가 힘에 부치자 외주로 풀면서 엉뚱한 결과물을 냈는데, 외주 계약도 지인과 했고 수익 배분도 지인에게 유리하게 작성되어 있다고 말이다. 그러자 한 명이 대뜸 "그 계약 내가 결재한 거 아니지?" 한다. 그 친구는 며칠 전 계약과 감사를 담당하는 경영기획팀장으로 발령을 받은 참이었다. 그는 다음 날 나의 팀장에게 'B의 사업을 살펴보니 당초 기안과 너무 다르고 계약도 문제가 있다. 수익 배분 계약서는 다시 체결해야만 하고 결과물은 형식적으로라도 당초 기안에 맞게 만들어둬야 감사 때 문제가 없을 것'이라고 통보했다. 며칠 후 원 기

147

안의 취지를 살린 결과물이 급조되어 나왔고 계약도 다시 체결됐다.

통쾌하지 않았다. 전혀. 내게 권한이 없다는 것을 더욱 실감 했을 뿐이었다.

내 입장에서 썼지만 B의 사례는 옳고 그름의 문제로 볼 것이 아니다. 팀장이나 업무 담당자 입장에서는 변경안이 당초 계획과 취지 면에서 크게 다르지 않다고 판단했거나 또는, 오히려 더 나은 방향이라고 판단했을 수 있다. 급한 와중에 일을 맡아줄 외주사를 찾다보니 지인밖에 없었고, 지인은 오히려 손해를 감수하고 우리 일을 봐준 거라 향후 수익에서 배려를 하는 것이 마땅하다고 판단했을 수 있다. 즉, 판단과 의사결정의 문제이지 옳고 그름의 문제가 아닌 것이다. 설혹 옳고 그름의 문제이고 나의 판단이 옳다 해도 내게 권한이 없다면 아무 소용이 없다.

고가의 영상 장비를 개인 여행에서 개시하려는 D에 대해서도 마찬가지였다. 경영기획팀장인 친구는 각 팀별로 자산관리를 철저히 할 것과 불시 점검이 있을 예정이라는 공문을 띄웠다. 팀장은 그때서야 D에게 한마디 했고 D는 계획을 취소했다.

경영기획팀장인 친구는 나를 위해 위와 같은 행동을 한 것이 아니었다. 자신의 책임 하에 있는 업무이기 때문에 챙겼던 것이고, 마침 나와 판단이 같았던 것뿐이었다. 이런 일을 겪으면서 마냥 편하고 좋아 보였던 나의 현재에 대해 다시 생각하게 됐었다. 새 팀장이 오기 전까지는 회의를 통해 내 의견이 채택되고 반영되었기 때문에 권한에 대한 인식을 못했었다.

권한이 없는 상태에서 팀장과 판단이 같으면 호흡 잘 맞는 좋은 팀원으로 평가받지만, 판단이 다르면 순식간에 불평불만 많은 피곤한 팀원으로 전락한다. 결국은 팀장의 의사결정에 따라야 하는 것이 회사라는 곳의 시스템이기 때문이다. 그래서, 적당한 경력이 쌓였을 때는 의견 개진을 넘어 의사결정을 하는 역할을 하는 게 백배 속 편하다.

뭔가 불만이고 답답하게 여겨질 때가 있다면 잘 관찰해보라. 내 생각이 팀장과 다르고 결정권이 팀장에게 있기에 생긴 불만인 경우가 많을 것이다. 어릴 때야 팀장의 판단을 그대로 따르지만 연차가 쌓일수록 내 판단이 생긴다.

이때가 바로 변화와 도전이 필요한 때다!

불평 많은 '어린 애' 취급을 받고 싶지 않다면 경력에 맞는 권한을 가질 궁리를 하기 바란다.

의외로 점수 따는 것들,
의외로 점수 잃는 것들

협력적 태도, 계산하지 않는 우직함, 겸손함, 나아갈 때와
물러날 때를 아는 처신 같은 것들이 오히려 블루 오션이다.

전 직장 후배를 만나 또 다른 후배 A의 승진 소식을 전하
며 "A가 윗사람들이 좋아할 유형이지." 했더니 깜짝 놀란
다. 존재감 없는, 그냥 바닥을 깔아주는 직원이라고만 생각
했지, 윗사람들이 좋아할 유형이라는 생각을 한 번도 해본
적이 없다는 것이다.

후배의 말대로, 얼핏 보면 A는 존재감도 별로 없고 업무적으로
도 두각을 나타내는 유형은 아니다. 본인 스스로도 고과 목표를
항상 중하위권으로 두고 실제 받는 점수도 엇비슷하다. 그런데도
조직개편 때면 항상 더 중요한 일을 하는 부서로 픽업되어 가곤
했다.

A에게는 실무자 시선에서는 잘 안 보이는 장점이 있다. 바로, 욕심을 컨트롤할 줄 안다는 점이다. 원래 직장에서 일어나는 갈등은 누군가의 지나친 욕심에서 시작되기 마련이다. 한 명의 욕심이 감정의 상승작용을 일으키며 팀 갈등을 만드는 것이다.

반면, A는 그런 상황에서도 '그래그래, 너희들이 잘하니까. 남는 거, 표 안 나는 거 내가 할게.' 하는 유형이었다. 이런 팀원 한 명만 있어도 팀원들 간의 쓸데없는 경쟁심이 느슨해지면서 팀 분위기가 굉장히 협력적으로 바뀐다. 팀장 입장에서 보면 대단한 존재감을 가진 직원인 것이다. A의 전략은 '중간만 가자, 중간 가기도 쉬운 일 아니다'였다. A는 치열하다는 대기업에서 13년째 부침 없이 근무 중이다.

> B는 일을 너무 두서없이 했다. 조금 과장하자면, 하루의 반은 일을 하고 나머지 반은 아까 한 일이 뭔가 잘못돼 바로 잡는 일을 하는 친구였다. 일도 진척이 안 되고 설혹 진도가 나가고 있어도 불안했다. 간혹은 B 때문에 전체 팀원이 하염없이 대기를 해야 하거나 뒷수습에 투입되기도 했다. 한마디로 민폐 캐릭터였다. 그런데, 끝내 미워할 수가 없었다. 너무나 우직했기 때문이다. 이마에 '소'라고 쓰여 있었다. 계산할 줄 모르고 누구 미워할 줄 모르고, 뒤통수 걱정할 일도 없게 만드는 친구였다. 소 같은 우직함이 B의 필살기였다. 꾸역꾸역 함께 갈 수밖에 없었다.

2장. 21세기 직장에서, 당신에게 일어날 수 있는 일

직장에서 나만의 필살기라고 하면 대부분 업무적 측면에서의 전문성이나 차별성을 생각하는데, 그것은 대단한 착각이다. 오히려 그런 것들은 절대로 롱런을 보장하지 않는다. 강호는 넓고 고수는 많기 때문이다. 언제고 나보다 잘난 사람이 반드시 나타나게 돼 있다. 팀워크로 움직이는 직장이라는 조직에서는 오히려, A의 협력적 마인드나 B의 우직함이 강력한 필살기가 된다. 반대로, 사소하게 생각한 것이 그동안 쌓아둔 점수를 홀랑 까먹게 만들기도 한다.

C는 언제나 야근이었다. 일이 많은 게 아니라 효율적으로 일하는 법을 몰랐다. 다른 직원 시켜도 될 일을 직접 했고, 안 나가도 될 외근을 굳이 나가고는 모두 퇴근한 사무실에 들어와 늦게까지 밀린 일을 했다. 본인은 그것이 책임감 있는 태도라고 믿었고, 효율적으로 일하라는 팀장의 말은 대충하지 그러냐는 위로 정도로 받아들였다. 답답하다가도 어찌됐든 묵묵히 감당해내는 것은 인정해줘야 한다고 생각할 즈음, C는 "근데, 왜 저만 이렇게 일을 많이 해야 하죠?"하며 따지고 들어 점수를 다 깎아먹곤 했다.

업무 능력 좋다고 소문난 D는 팀장이 곤란에 처했을 때 처신을 잘못한 바람에 오래도록 역풍에 시달렸다. D는 새로 온 팀장이 본부장의 신임을 못 받자 대놓고 따돌렸다. 팀장이 늘 하던 대로 점심 먹으러 가자고 일어나자 D는 "저희 오늘부터 도시락 싸오기로 했어요." 하며 팀원들을 데리고 회의실로 들어간다. 팀 회식이 있는 날 간부 회의가 길어져 2차 자리에 합류하겠다고 먼저 보냈더니, D를 필두로 팀원 전체가 전화를 안 받아 팀장이 2차에 합류할 수 없게 만들기도 했다.

D는 권력의 움직임에 민감하긴 했지만 권력이 영원히 한자리에 머물지 않는다는 건 미처 생각을 못했다. 두 달도 못 돼 팀장은 본부장의 신뢰를 얻었고 D는 깍듯한 팀원 모드로 돌아왔으나 완전히 찍혀 제대로 된 업무도 못 받고 2년간 고과를 바닥으로 깔아야 했다.

실속 없이 하는 입바른 소리도 점수를 깎아먹는 대표 사례다. 실무자가 관리자에게 대놓고 할 수 있는 입바른 소리는 많지 않다. 기껏해야 회의 시간을 미리 예고해달라거나, 회의를 정시에 시작하자거나, 용건만 간단히 하고 회의를 끝내자거나, 결재 대기 시간을 짧게 해달라는 등의, 주로 형식이나 절차와 관련된 것들이다.

틀린 것 하나 없는 말이지만 지극히 미시적이며 상황이나 맥락에 영향을 미치지 않는, 그야말로 해도 그만 안 해도 그만인 말이다. 그러나 본인의 점수를 깎는 데는 효과 만점이다. 실무자가 중요한 기획안을 올렸는데 상급자가 내용은 덮어두고 정색하며 오타를 지적하는 것과 비슷하다고 보면 된다.

틈만 나면 생색내고 끊임없이 징징대는 직원도 마찬가지다. 뛰어나다는 것도 알고 힘든 업무였다는 것도 알지만 업무가 진행되는 내내 어르고 달랜 걸 생각하면, 드디어 끝났다는 생각만 들 뿐 수고했다는 말도 잘 안 나온다.

모두가 유능할 수는 없다. 그리고 매번, 또 영원히 유능할 수도 없다. 10년, 20년씩 길게 보면 어떤 식으로든 부침이 있다. 생각지도 않게 일이 잘 풀려 큰 성과를 내는 때도 있지만, 평소보다 훨씬 애썼던 것 같은데 결과가 썩 좋지 않은 때도 있다. 기대도 안 했는데 좋은 점수를 받아들 때도 있고, '이번에야말로!' 하며 장담했는데 하위권의 점수를 받아들 때도 있다. 올 한 해 반짝 빛나고 스러질 게 아니라면, 롱런이 목표라면, 나만의 필살기 하나쯤 만들어두는 것이 좋다. 그 필살기는 흔히 생각하는 스펙이 아니다. 그 물에는 이미 경쟁자가 넘쳐난다. 협력적 태도, 계산하지 않는 우직함, 겸손함, 나아갈 때와 물러날 때를 아는 처신 같은 것들이 오히려 블루 오션이다.

언니의 따뜻한 말 한마디

'서는 데가 바뀌면 풍경도 달라진다'

모든 상급자가 유능하고 선량할 리는 없다. 다만,
시야를 넓히려 노력할수록 얻는 게 많다는 건 확실하다.

오랜만에 만난 후배가 팀장 때문에 힘들어 죽겠다며 푸념
이다. 의견 내라고 해서 열심히 준비해 가면 하나도 반영을
안 한단다. 그럴 거면 무엇하러 회의를 하냐는 거다. 엉뚱한
것 조사시켜놓고는 며칠 있다가 지난번 회의 때 후배가 했
던 얘기를 그대로 하면서 기획안을 다 바꾼단다. 그동안 조
사한 자료가 전부 쓸모없어진 것도 짜증나지만 실컷 얘기
할 때는 듣지도 않더니 본인이 생각해낸 양 하는 것도 어이
가 없단다. 며칠 전에는 팀장이 나가기로 한 외근을 1시간
전에 후배더러 나가라는데 정말이지 폭발할 뻔했단다. 말하
면서 새삼 열이 오른 후배에게 한마디 건넸다.
"꼭……, 나 같다."

"선배가요?"

"응."

하고는 동시에 빵 터져서 한참을 웃었다.

후배가 성토한 팀장이 꼭 나 같다는 말은 사실이었다. 그러나 반성의 의미를 담고 있지는 않았다. 우리의 대화는 대부분 이런 식이었다. 후배가 상급자를 성토하면 나는 그렇게 볼 일이 아니라고 답하게 되곤 한다. 그래서 후배의 웃음은 "또야? 또 내가 잘못이라고?" 같은 의미였다. 20년 전 나의 멘토가 늘 '네가 잘못했네!' 하며 한 번도 내 편을 들어주지 않았던 기억과 겹친다.

웹툰 「송곳」의 대사인 '서는 데가 바뀌면 풍경도 달라지는 거야'는 그 심오함을 덜어내면 갑을 관계만이 아니라 관리자와 실무자 관계에도 적용할 수 있을 것 같다. 후배가 성토한 팀장이 만약 나의 친구라면 후배에 대해 이렇게 말할지도 모른다.

"걔 회의 때 얘기하는 거 들으면 속 터져. 큰 그림까지는 바라지도 않아. 지나가는 대학생들 붙잡아 물어도 나올 수준의 얘기를 아이디어랍시고. 내가 기획안 쓰면서 말이라도 되게 만들어놓으면 백데이터 조사라도 좀 선선히 할 수 없나? 뭐 하나 쉽게 '예' 하는 법이 없어. 지난번엔 갑자기 대표실에서 대표 외부 강연 때 쓸 참고자료 만들라고 해서 그거 만드느라 협력사 미팅 좀 가라고 했더니, 어휴, 너도 그 얼굴 표정 봤어야 돼."

물론, 위에 적은 것은 관리자와 실무자가 이미 돌이킬 수 없는 관계에까지 접어들어 죽자고 으르렁거릴 때나 나올 법한 얘기다. 좀 더 사실에 가깝게 말하자면, 위와 같은 상황에서 관리자들은 별 생각이 없을 확률이 크다.

내 경우에 빗대면, 회의 때 직원들 얘기를 들으며 '구슬은 다 나왔는데, 이걸 어떻게 꿰지?' 하는 생각을 하는 편이다. 그걸 찾기 위해 자료조사를 시킬 때도 있다. 구슬을 꿸 방법만 찾으면 회의 때 나온 의견들을 보배로 만드는 건 어려운 일이 아니다. 구슬을 꿸 때 누가 어떤 의견을 냈었는지는 잘 기억이 안 나는데다 중요하지도 않다. 내가 냈다고 생각해서 하는 말이 아니라 그냥 회의 때 나온 얘기들이라고 생각하는 거다. 그런데, 관리자와 실무자가 서로 궁합이 안 맞으면 이런 상황에서 오해가 쌓인다. 나의 팀원들 중에도 회의 때는 얘기 안 듣고 며칠 있다 딴소리 한다고 나를 오해할 법도 하다. 그래서 '나랑 똑같다'고 답했던 거였다.

더 크게 보면 이런 거다. 예컨대, 심각하게 떨어진 매출을 끌어올려야 하는 상황이라면, 영업팀 직원은 자신이 맡고 있는 거래처 관리를 중심으로 고민할 것이고, 팀장은 아예 새로운 영업 수단이 없을지를 고민할 것이다. 본부장이라면 변화를 이끌 만한 직원을 수혈하는 인사이동까지 고민할 것이고, 대표라면 기술개발, 생산, 마케팅, 영업, 서비스 지원 전체를 개편하는 방안까지 염두에 두며 고민할 것이다. 전체 조직 개편을 고민 중인 대표에게 직원이 '제가 맡고 있는 거래처 사장님이 되게 적극적이시라 인근 아파트 단지 부녀회랑 협의해서 매주 매대를 설치하려고 하는데요'라고 얘기해봐야 머리에 안 들어오는 거다.

상급자는 모두 하급자보다 큰 그림을 보기 마련이니 불평하지 말라는 이야기가 아니다. 모든 상급자가 유능하고 선량할 리는 없다. 다만, 시야를 넓히려 노력할수록 얻는 게 많다는 건 확실하다. 상급자를 이해하기 위해 노력하라는 말도 아니다. 내 관점에 머물러 있는 한 누군가를 이해하려는 노력은 오히려 독이 되는 경우가 많다. 노나라 임금의 바닷새 사랑 이야기도 있지 않은가. 바닷새를 사랑한 나머지 궁에 데려와 술과 고기와 음악을 내렸는데 며칠 만에 바닷새가 죽었다는 장자의 우화 말이다. 그러니 내 식대로 팀장을 이해하려 들 일이 아니다. 기존의 틀을 깨고 시야를 확장해야 한다. 그래야 제대로 된 상황판단이 가능하다. 그런데, 이게 쉬운 일이 아니다.

실무자 시절 나는 상급자 입장에서 보면 '똘똘하지만 대하기 껄끄러운 유형'일 거라고 스스로 생각했었다. 불만을 드러내고 따지는 편이었기 때문이다. 물론, 내 생각의 방점은 '똘똘하지만'에 찍혀 있었다. 그런데, 처음으로 파트장이 되고 일주일도 안 됐을 때 나는 그저 엄청나게 피곤한 직원이었을 뿐이었다는 사실을 깨달았다. 서는 데가 바뀐 것 하나로 안 보이던 것들이 보이게 된 것이다. 그 후 180도라 해도 과언이 아닐 정도로 바뀌었다.

예컨대, 팀장이 결재를 늦게 해주면 당장 성토에 나섰었는데 이제는 "팀장님. 지난번 올린 문서 아직 결재 전이시죠. 제가 뭘 좀 더 수정할까요?" 하고 묻고 있는 거다. 깜빡 잊은 경우면 미안하다며 바로 결재가 나고, 다른 급한 건을 먼저 처리 중이었으면 사정을 설명 듣고 기다리면 됐다. 팀장 입장에서의 우선순위가 있고, 내가 올린 결재는 그중 하나일 뿐이고, 내 것이 늦는다고 따지는 나의 속내도 마냥 순수하지는 않을 때가 많았던 것도 사실이다. 이런 상황에서 내 문서 빨리 결재하라 따진들 득될 게 없다는 걸 파트장이 되고 나서야 알게 된 것이다.

이런 이야기 끝에 후배는 말한다.

"에휴, 이제 의견 따위 안 내려고 했는데, 계속 내야겠네요."

그러나 이러한 갈등을 해소하는 가장 좋은 방법은 아주 낮은 수준이라도 관리자 역할을 해보는 것이다. 금세 관점과 시야가 넓어지는 경험을 할 수 있다. 그래서 후배에게도 이렇게 말했다.

"됐고! 빨리 승진해."

공명정대한 관리자란

중요한 것은 튀는 직원들을 교정하는 일이 아니라, 나머지 팀원에게
보내는 메시지를 설정하는 일이라는 점을 잊지 않아야 한다.

어디나 얄미운 동료가 있다. 어떻게든 일을 피하는 동료, 궂은일
은 절대 안 하려는 동료, 상사에게만 잘하는 동료, 말만 앞서고 하
는 일은 없는 동료, 남의 공을 가로채는 동료, 일은 조금 하면서
온갖 생색 다 내는 동료. 정말 피곤하고 답도 없다.

다른 자리 전화를 절대 안 받는 직원이 있었다. 겪어보지 않으
면 이게 왜 팀원 전체를 스트레스로 몰아넣는지 이해가 안 갈 텐
데, 이게 참 은근히 스트레스다. 계속 울리는 벨소리를 못 참는 사
람이 결국 전화를 받는데 그러고 나면 손해 본 것 같고, 선한 마음
으로 계속 받다 보면 호구된 것 같고 그런 느낌인 거다. 받아서 메
모만 남기면 되는 일도 있지만 뭔가 후속 처리가 필요한 일들인
경우에는 더더구나 짜증이 난다.

나중에는 전화벨만 울려도 날카로워진다. 그런데 정말 전화가 문제일까? 아니다. 뭔가 공정하지 못하다는 생각이 드는 것이 문제인 것이다. '왜 쟤는 전화 안 받아?' 또는 '왜 나만 전화 받아야 하는데?' 하는 생각 말이다.

하루는 친구가 의논을 해왔다. 새로 팀을 맡았는데 A라는 직원을 다루는 데 애를 먹고 있다는 것이었다. 조금이라도 손해 보는 일은 절대로 안 하려 했고, 무슨 일이라도 하는 날에는 생색이 장난 아니란다. 당연히 A를 보는 직원들의 시선도 곱지 않은데, 어떻게 하면 A의 태도를 고칠 수 있겠냐고 한다.

이런 경우 대부분의 관리자들은 문제적 직원의 '버릇'을 고치려 들기 쉽다. 그러나 그런 방법은 백패를 불러올 뿐이다. 내 버릇도 못 고치는데 서른 넘은 남의 버릇을 어떻게 고치겠는가. 중요한 것은 나머지 팀원들이 불공정하다고 느끼는 부분을 어떻게 해소할 것이냐가 되겠다. 그 방법이 꼭 A를 개조하는 것에만 있을 리 없다. 나는 A가 아닌 나머지 팀원들에게 보내는 메시지가 중요하다고 이야기했다. '왜 A만 특별대우를?' 하는 생각을 하고 있을 팀원들에게 관리자가 A의 단점을 알고 있고, A를 높이 평가하지 않는다는 점을 알 수 있도록 처신하는 것이 좋겠다고 했더랬다.

내가 맡았던 팀원 중에도 회의 시간에 늦게 들어오는 것이 습관인 B과장이 있었다. 하나를 보면 열을 안다고 B과장은 별명도 '상무님'인 상전이었다. 처음 몇 번은 기다려주었고, 그다음부터는 기다리지 않고 회의를 시작했지만 B의 태도는 달라지지 않았다.

나는 아예 B를 부르지 않았다. "우리 팀 잠깐 회의할게요. B는 전화 좀 받아줘요." 하고는 나머지 팀원들과 회의실로 들어갔다. 특히 회사에 뭔가 민감한 일이 있거나 중요한 변화가 있어서 정보가 아쉬울 때 더더욱 그리했다.

B가 달라지기를 바라고 한 일이 아니다. 다른 팀원들에게 B를 양해할 생각이 없다는 점을 알리는 게 중요했다. 팀원들은 더 이상 B에게 신경을 곤두세우지 않았다. B도 곧바로 달라진 현실을 받아들이고 나를 조심스러워했지만, 나는 B가 동료들을 더 위하고 조심스러워했으면 하는 아쉬움이 있었다.

새로 우리 팀에 발령받아 온 C는 전 팀에서 팀장과 친구처럼 지냈던 것으로 유명했다. 사실 직장에서 팀장과 막역하다는 건 일종의 권력이기도 하다. 그럴 때 직원은 처신을 잘 해야 하는데 내가 보기엔 부적절해 보였다. 틈틈이 팀장과의 친분을 과시하는 말과 동료들을 무시하는 태도가 좋아 보이지 않았다.

언니의 따뜻한 말 한마디

C는 내게도 같은 방식으로 관계 맺기를 시도했다. 우선 업무 진행 상황을 시시콜콜 보고했다. 전화 한 통 하고도 내 자리로 와서 "업체랑 통화했는데 잘될 거 같아요. 제가 계속 이거 꼭 해야 한다고 막 얘기했거든요. 저 지금 목도 쉬었어요." 하는 식이었다. 그걸 보는 다른 팀원들 속은 뻔하다. '너만 일하지?', '아이고, 잘나셨어요' 말고 더 있겠나.

나는 다른 직원들도 똑같이 열심히 일하고 있음을 안다는 표를 내는 것에 신경을 썼다. 물론 실제로도 그렇게 생각하니까 나오는 처신이다. 정말 C만 일하면 당연히 걸맞은 유무형의 보상을 해야 할 일이다. 아무튼 나는 C가 보고를 끝내고 돌아가면 다른 직원의 자리로 가서는 업무 진행 상황을 묻고 담소를 나누곤 했다. C의 보고에도 팀장과 직원의 선을 넘지 않는 반응을 유지했다.

내가 너무나 개방적이고 수평적인 의사소통에 능해서 모든 팀원들이 C처럼 수시로 내 자리로 와서 편히 수다를 떨 수 있다면 문제가 아니지만, 내 주제를 알기에 취했던 방법이다(오히려 나는 어려운 관리자에 속했고, 팀원들과 적당한 거리를 두는 쪽을 지향했다). C가 중간중간 반말을 섞어도 나는 존대로 받았다.

C는 나의 호응이 없자 친구 같은 관계 맺기를 포기했다. 내 자리로 오는 횟수가 점차 줄었고 '맞먹으려'는 시도도 접었다. 아쉬운 것은 B와 마찬가지로 동료들과의 관계맺기에는 끝내 관심을 두지 않았다는 점이다.

2장. 21세기 직장에서, 당신에게 일어날 수 있는 일

내가 지나치게 예민한 것일 수 있다. 인정한다. 나는 예민한 관리자가 틀림없다. 그런데 들이대는 C를 그렇게 경계했음에도 팀원으로부터 "부장님도 C는 받아주시잖아요." 하는 원망을 들었다. 내가 더 노력했어야 할 일이다.

관리자가 실제로 공명정대하기란 불가능한 일이다. 그러나 가끔씩은 공정한 것처럼 보이도록 하는 노력이 필요할 때가 있다. 특히 팀원 한두 명이 전체 분위기를 좌우할 정도로 튈 때는 더욱 그러하다. 중요한 것은 튀는 직원들을 교정하는 일이 아니라, 나머지 팀원에게 보내는 메시지를 설정하는 일이라는 점을 잊지 않아야 한다. 문제적 직원 한 명이 아니라 팀 전체를 보자면 그렇더라는 것이 나의 경험이다.

언니의 따뜻한 말 한마디

보상에 관한 101가지 방법

당신이 관리자라면, 어떻게 직원들을 몰입시키고 동기부여를
할 것인가를 고민해야 한다. 보상할 방법이 없는 게 아니라,
생각을 안 하는 거다. 생각해내야 한다. 그것이 당신의 업무이다.

관리자들과 이야기하다보면 직원들에게 어떤 방법으로 보상할
지에 대한 상상력이 너무나 빈곤하다는 생각을 하게 된다. 보상이
나 동기부여에 대한 고민을 하다가도 결국에는 충성이나 헌신, 또
는 직장인의 기본 따위를 주장하며 고민을 덮는다.

아무도 맡기 싫어할 것이 자명한 업무를 들고 끙끙대는 동료 팀
장에게 "아무개 씨 일이잖아. 분장하고 보상해주면 되지."라고 했
더니 무슨 수로 보상을 하냐는 답이 돌아온다. 하기야, 우리도 별
다른 보상 없이 직장생활을 이어왔으니 그런 반응이 무리는 아니
다. 그렇다고 우리도 그랬으니 너희도 입 다물고 일하라 할 수는
없지 않은가.

옆 팀에는 내가 경험하지 못했던 타입의 팀장 A가 있었다. 곁눈

질로 관찰하며 감탄할 때가 많았는데 팀원들에게 밥 한 번, 차 한 잔을 안 사는 걸로 유명했다. 그런데 팀원들이 잘 따랐다. A는 팀원 개개인의 업무를 정성스럽게 챙겼다. 꼼꼼하다는 의미가 아니다. '팀장이 내가 무슨 일 하는지 알고 있고 존중해주고 있다'는 생각을 하게 만드는 재주가 있었다.

예컨대, 서무에게 "명함 만드는 거 어떻게 되고 있어요? 맡기기 전에 한번 보여줘요." 하면, 팀원들 명함쪼가리 만드는 정도로 치부했던 일이 갑자기 정식 업무가 된 것 같은 느낌이 든다. 이것도 보고라고 신경을 쓰는데, A는 대충 보되 딱 적절한 코멘트를 한다. "팀원 변동이 많아서 신경 쓸 게 많았겠어요."라던가 "왜 더 깔끔해 보이죠? 뭐가 바뀌었나요?" 또는 "회사 CI 매뉴얼 확인한 거죠? 고생했어요." 하는 식이다.

같은 말이라도 서무가 알아서 인쇄해 온 명함을 받고서 하는 것과 인쇄 전 팀장이 챙기며 하는 것에는 큰 차이가 있다. 서무는 의례히 하는 격려 대신 자신의 일을 업무로 인정해주는 A에게 무한 신뢰를 보였다.

아무도 맡기 싫어하는 일을 맡겼을 때도 마찬가지다. "오늘 본부장님이 이런 말씀하시던데 반영해야 할 것 같아요. 잘 챙겨주세요."라고 하면 티도 안 나는 잡무 같았던 것이 본부장 관심 사안과 연결된 중요 업무 같은 생각이 든다. 떠맡기고 나 몰라라 한다는 서운함이 끼어들 자리가 없다.

반면, 일을 하지 않는 직원에 대해서는 가차 없었다. 아무리 일을 못해도 몇 년씩 승진에서 밀린 팀원이 있으면 신경 쓰이기 마련인데 A는 본부장이 승진 밀린 팀원 챙겨주자고 해도 안 된다고 단칼에 잘랐다. 상벌이 엄격했다.

나는 보상의 상대성을 중요하게 생각한다. '다들 고생했다'는 말을 보상으로 받아들일 사람은 없다. '당신이 특히 고생했다'고 해야 보상으로서 의미가 있다. 직접적으로 말하지 않아도 된다.

나는 독대를 활용하는 편이다. 보상이 필요한 팀원을 따로 불러 사담을 나누며 어려운 사정을 알고 있고 신뢰하고 있다는 티를 팍팍 낸다. "아무개 씨가 비협조적일 텐데 잘 끌고 가더라."며 다른 팀원의 뒷담화도 한다. 팀장이 고충을 알고 있다는 것만으로도 보상이 될 때가 있고, 따로 불러 격려하는 것이 다른 팀원을 긴장시키는 효과를 불러오기도 한다.

'선수' 대접을 해주는 것도 큰 보상이 된다. 내 업무가 아닌데도 의견을 묻는 팀장이 있었다. 다른 팀원들에 비해 나를 더 신뢰한다는 생각이 들며 궂은일을 마다하지 않고 보좌했던 경험이 있다. 반면, 나를 견제하며 '원 오브 뎀(one of them)'으로밖에 취급하지 않았던 부장을 두고는 마음껏 비뚤어졌었다.

사람 심보가 이런 법이다. '얘 말도 맞고, 쟤 말도 맞고, 그러고 보니 당신 말도 맞다'는 황희 정승 일화가 현실에서 일어난다고 생각해봐라. 그것만큼 속 터지는 일도 없다. 모두에게 똑같이 내리는 보상은 의미가 없다.

관리자는 직원들에 대한 동기부여 방안을 치열하게 고민해야 한다. 주변을 보면 정말 놀라울 정도로 고민을 안 한다. 동기부여가 필요하다는 말을 투정 부리는 걸로 치부하는 관리자도 있다. 어처구니가 없다. 팀 성과를 위해 팀원들의 퍼포먼스를 끌어내는 것, 그것이 관리자의 업무다. 과거의 방식으로 권위주의를 내세우고 충성과 헌신을 요구하는 것으로 때우려 하면 곤란하다. 무엇보다, 그런 방식이 이제는 먹히지 않는다.

> 새로 온 대표가 딱 그랬다. 내 기준으로 보기에는 '옛날식'이었다. 6시 넘어 회의 잡는 것을 당연시했고, 월요일이면 주말에 출근한 사람이 있는지부터 확인했다. 퇴근 시간 이후의 회의에 몇 차례 빠졌더니, 당장 "헌신이 안 보인다."는 질책이 돌아왔다.

왜 나의 헌신을 당연히 요구하는 걸까. 직원들 고마운 줄도 몰랐다. 늘 부족해 했고 오만한 질책이 이어지곤 했다. 얼마 못 가 직원들이 줄줄이 나가기 시작했고, 새로 채운 직원들도 두어 달을 못 버티고 나가는 일이 1년 가까이 계속되자 대표가 변했다. 직원들에게 극진해졌다. 맨날 구인정보 교환하며 다른 직장 알아보고 이력서 쓰던 직원들도 안정을 찾아갔다. 하지만 예전의 실적과 분위기를 회복하려면 곱절의 시간이 필요할 것이다.

당신이 관리자라면, 어떻게 직원들을 몰입시키고 동기부여를 할

언니의 따뜻한 말 한마디

것인가를 고민해야 한다. 보상할 방법이 없는 게 아니라, 생각을 안 하는 거다. 생각해내야 한다. 그것이 당신의 업무이다. 이제 당신이 생각하는 돌쇠는 존재하지 않는 21세기니까.

2장. 21세기 직장에서, 당신에게 일어날 수 있는 일

우리는 왜 아부에 약한가

대부분의 사람들이 '얘가 내게 아부하고 있구나' 하는 것쯤은
쉽게 간파한다. 문제는 내가 상황을 장악하고 있다는
착각을 하는 순간 발생한다.

　나는 결단코 아니라고 믿었다. 내가 아부하는 직원에게 휘둘릴
리 없다고 확신했다. 그런데, 돌아보면 결국 휘둘리고 만 것 아닌
가 싶은 생각이 든다. 아부하는 직원은 어디나 있기 마련이다.

　"어머 부장님! 오늘 스카프 정말 잘 어울려요. 봄 기분이 확 나
요!" 한마디로 부장을 들었다 놨다 한다거나, "이것 좀 봐주세요,
과장님이 봐주셔야 안심이 돼요." 하면서 추켜세워주는 직원들 말
이다. 같이 일했던 직원 한 명은 말 한마디로 본부장 기분을 어찌
나 잘 돌려 세우는지 본부장 기분이 안 좋을 때면 동료들이 나서
서 그 직원을 투입시키기도 했었다. 나는 아부하는 직원들의 진심
을 모를 만큼 어리석지 않다고 자신했고, 실제로 위와 같은 종류
의 멘트에는 초연하거나 거부감이 들었던 것이 사실이다.

과장 A는 팀장과 그보다 상급자인 본부장 사이에서 줄을 타는 중이었다. 본부장과 팀장의 사이가 무척 안 좋았는데, A는 팀보다는 개인의 안위를 우선한 처신으로 동료들의 원성을 사고 있었다. 어차피 팀장이 본부장에게 밉보인 상황에서 팀이 살 길은 없다고 본 거였다. 그러나, 팀장 앞에서는 팀장이 당한 굴욕에 팀장보다 더 가슴 아파하거나 분노하는 몸짓을 하곤 했다. "본부장님은 어떻게 그러실 수 있죠? 저희라도 나서서 본부장님께 말씀을 좀 드려야 하는 거 아닌가요?" 하는 식이다. 깍듯하기도 이루 말할 수가 없었다. 회식으로 뷔페라도 가면 팀장의 음료, 후식, 커피 등은 도맡아 챙기곤 했다. 그러면서도 본부장에게 가서는 팀장의 역량 부족과 팀원의 무기력을 걱정하는 체하며 뒤통수를 치고 있었다.

보다 못한 나는 팀장에게 A를 다른 팀으로 보냈으면 좋겠다고 직언을 했다. 차마 팀장까지 끌고 들어가지는 못했고, '겉보기와 달리 뒤에서는 팀과 팀원들에게 불리한 말을 하고 다니고 팀워크에도 악영향'이라는 정도로 이유를 댔다. 나름 비장한 나를 앞에 두고 팀장은 여유롭게 웃으며 말했다.

"알아. 내가 그걸 모를까 봐. 누구보다 잘 알지. A과장 권력지향적이라 본부장한테 어떻게 할지 눈에 훤해."

그런데도 다른 팀으로 보내기는커녕 적당히 곁을 주는 거다. 나는 한 번 더 직언을 했지만 결과는 같았다. 그때 느꼈다. 팀장은 A 과장이 신뢰할 수 없는 사람임을 잘 알지만, 그럼에도 자신이 컨트롤할 수 있는 사람이라고 믿고 있었다. 그런 자신감을 갖게 된 연유는 A과장의 끊임없는 아부였다. 내게 아부하는 것은 곧 나를 거스를 생각은 없다는 뜻으로 착각하는 것이었다. 아무리 그래 봐야 내 손 안에 있다는 자만 내지 위로가 작동하는 것이랄까.

결국 팀장은 A에게 세게 뒤통수를 맞고 좌천됐다. 위로를 겸한 술자리에서 여러 얘기가 나왔고 팀장은 "왜 그런 말들을 이제야 해주느냐."고 원망한다. 아부는 이렇게 판단을 흐리게 만든다.

나도 비슷한 일을 겪었다.

새로 옮긴 본부에는 나를 포함해 팀장이 셋이었다. B팀장은 모사꾼에 욕심 많기로 유명한 사람으로, 모두의 경계 대상 1호였다. 처음에 B팀장은 나를 못 잡아먹어 안달이었다. 그런데 번번이 내게 손을 들어야 했다. 그렇게 두어 달이 지나자 B팀장은 "배울 게 참 많다."며 내게 다가오더니 곧 인생 상담도 청해올 정도로 가까워졌다. 주변에서는 '보이는 게 다가 아닐 것'이라며 B를 믿는 나를 걱정했다. 그럼에도 나는 의심 없이 B와 1년여를 친하게 지냈는데, 나중에야 알았다. 지각을 끔찍하게 싫어하는 본부장에게 나의 지각 사실을 흘린다거나, 자신의 권한으로 평가제도를 바꿔 우리 팀에 불리한 상황을 만들어왔다는 것을 말이다.

뭐, 별로 큰 타격이 있지는 않았다. 배신감이나 억울함을 느끼지도 않았고, 관계 정리만 하면 그뿐이었다. 그렇게 잊고 있었다.

그러다 생각이 미쳤다. 나 역시 아부에 약했다는 것을. 처음 그 친구가 시비를 걸었을 때 몇 번 눌러주고 나니 '상대가 안 된다'는 생각에 경계가 풀렸고, "배울 게 많아요." 하며 다가올 때는 '이 친구가 나를 인정하는구나' 하고 착각했던 것이다. 내가 아부 따위에 넘어갈 사람이 아니라는 믿음이 이렇게 무너졌다.

대부분의 사람들이 '얘가 내게 아부하고 있구나' 하는 것쯤은 쉽게 간파한다. 문제는 내가 상황을 장악하고 있다는 착각을 하는 순간 발생한다. '얘가 문제가 많기는 하지만 내가 다루는 법을 알고 있지. 내 손바닥 위에 있지' 하는 착각이 들며 판단이 흐려지는 것이다. 아부가 자만을 소환하여 사람을 어리석게 만드는 것이다. 아부에 휘둘리는 상사들을 보며 희한하다 생각했는데, 나는 안 그럴 것이다 생각했는데, 이게 쉬운 일이 아니었다. 경계하고 또 경계해야 할 일이다.

모호한 상황에서 사소한 팁

모든 상황에 팁이 있을 리는 없다. 결국 '이 또한 지나가리라'
생각하고 자기 식대로 잘 헤쳐 나가길 바란다.

직장생활에서의 어려움이 어디 거창한 것만 있겠는가. 사람들과
이야기를 하다보면 회식 자리에서의 처신이나 호칭 정리 같은 소
소해 보이는 고민들도 나름의 비중을 차지한다. 나도 고민했던 것
들이 생각나 몇 가지 적어보고자 한다.

#1.

회식 때 노래방 가는 것이 곤욕이었다. 놀 줄 모르는 나는
어떻게든 눈에 안 띄게 있고자 해도 결국에는 차례가 돌아
왔다. 분위기를 띄우는 노래를 해야 할지 실컷 띄운 다음이
니 잠깐 쉬는 노래를 해야 할지, 다 나만 쳐다보는 것도 부
담이지만 모두 다른 짓을 하고 있어도 뭔가 민망한, 나로서

는 정말 괴로운 시간이었다.

그런데, 한 친구가 노래방에 들어가자마자 마이크를 잡고 노래를 시작한다. 다들 자리를 잡기도 전이다. 그 친구는 "제가 부르는 동안 노래하실 분들 고르세요~!" 하면서 설렁설렁 노래를 했다. 아무도 그 친구를 신경 쓰지 않았다. 천천히 자리 잡고 짐 풀고 노래 고르고 네다섯 곡이 예약되자 그 친구의 노래도 끝났다. 그 친구는 분위기 걱정 없이 시선 걱정 없이 소임을 다하고 편안히 회식을 마쳤다. 당장 나도 따라했더랬다.

#2.

식사를 사무실로 시켜 먹을 때가 있다. 주문은 막내인 내 차지였는데, 아무거나 시키라는 말이 제일 힘들었다. 조용히 먹기나 하나. 잘 시켰네 못 시켰네 그냥 하는 말에도 가슴이 졸아든다. 그래서, 아무거나 시키라고 하면 무조건 돌솥비빔밥으로 주문했다. '아무거나' 메뉴는 돌솥비빔밥으로 내가 마음대로 정해버린 것이다. 사실, 그 이후는 기억이 안 난다. 하지만 내 마음이 편해졌고 상황도 편해졌던 것만은 확실하다.

#3.

첫 직장은 상급자가 하급자에게 반말을 하는 문화가 있었다. 두 번째 직장에서 아무 생각 없이 반말을 썼는데, 지내면서 보니 존대하는 문화였다. 갑자기 바꿀 수도 없고 엄청 불편했었다. 다시 이직을 하면서 '앞으로는 무조건 존대다!' 하고 마음먹었다. 존대를 하다가 말을 놓기는 쉬워도 말을 놓다가 존대를 하는 건 어렵기 때문이다.

무조건 존대를 하면 좋은 것이 또 있다. 연차가 쌓일수록 나보다 나이가 어린 상급자를 만나거나 반대로 나이가 많은 하급자를 만나게 될 때가 있다. 나 역시 두 경우 모두 겪었다. 직급만 따져 존대와 하대를 구분하다 나이차가 끼어들면 복잡해진다. 차라리 모두에게 존대하는 게 속 편하다. 그래야 언젠가 만날지 모르는 나이 어린 상급자나 나이 많은 하급자와도 업무적으로 편안한 관계를 만들 수 있다.

#4.

이직해 새로운 팀을 맡았다. 팀장 자리가 8개월 넘게 공석인 채로 있었던 터라 분위기가 좀 흐트러져 있을 거라는 이야기를 들었다. 두고 보니, 1층 카페에서 하루를 시작하는 게 일상이었다. 출근하는 순서대로 컴퓨터 부팅해놓고 1층으로 가서 다함께 30~40분 정도를 보내다 올라오고 있었다. 팀장으로서 어떻게 처신하는 게 좋을지 고민이 됐다. '9시에는 자리에 있어라' 따위의 말을 하는 순간 팀 분위기는 경직된다. 어차피 자리에 앉아서 메신저로 1시간 떠드나 카페에서 30분 떠드나 마찬가지 아닌가. 팀 운영의 본질적인 사안도 아닌 걸 갖고 팀장에 대한 괜한 거부감만 불러올 게 뻔하다. 그렇다고 분위기를 다잡으라는 상급자의 당부를 무시할 수도 없었다. 다행히, 팀장의 존재 자체가 직원들에게는 부담인 면이 있어서 분위기는 금세 추스를 수 있었다.

비슷한 경험이 떠올랐다. 팀원 전부가 자리에 없기 일쑤인 팀에서 팀원으로 일한 적이 있다. 팀장부터 자리에 없었고, 퇴직을 준비 중이라 팀 운영에 관심도 없었다. 나를 포함해 팀원들은 실컷 놀았다. 새 팀장이 왔어도 팀 분위기는 바뀌지 않았다. 나도 늘 하던 대로 1시간쯤 자리를 비웠다 돌아왔는데, 곧바로 새 팀장이 내게 와서는 업무와 관련한 간단한 질문을 하고 돌아갔다. 그런데, 그 간단한 한마디가 머리를 복잡하게 만들었다.

'언제부터 나를 찾았지? 계속 찾았으면 1시간이나 비웠던 거 알 텐데……'

하는 생각 말이다. 두고 보니 다른 팀원들에게도 똑같이 하고 있었다. 서로 말은 안 했지만 다들 나와 같은 계산이었을 것이다.

한 달도 안 돼서 전원이 자리를 지키는 성실한 팀으로 거듭났었다. 자리 비우지 말라 소리 한마디 없이 분위기를 바꾼 팀장은 처음이었다. 워낙 업무 얘기 말고는 할 줄 모르는 스타일이라 더 통했던 것 같기도 하다.

2장. 21세기 직장에서, 당신에게 일어날 수 있는 일

사소하기도 하고 모호하기도 한 상황은 실무자 시절이나 관리자 시절이나 늘 마주하게 된다. 그게 뭐 고민일까 싶으면서도 막상 닥치면 또 쉽지가 않다. 모두가 떠들썩한 회식 자리에서 웃기만 하는 것도 곤욕일 때가 있다. 그 와중에 "왜 아무개 씨는 웃기만 하고 한마디도 안 해요?" 하는 주책바가지라도 있으면 회식은 더욱 공포스러워진다. 내가 겪었던 일이다. 할 수 없다. 견디는 수밖에. 계속되면 그들이 내게 적응한다. 모든 상황에 팁이 있을 리는 없다. 결국 '이 또한 지나가리라' 생각하고 자기 식대로 잘 헤쳐 나가길 바란다.

언니의 따뜻한 말 한마디

직장 내 커뮤니케이션, 나비처럼 벌처럼!

토론할 일 따로 있고
결정할 일 따로 있다

관리자가 되면 왠지 수평적 의사소통을 해야 할 것 같고,
권위주의에 빠지면 안 될 것 같고,
좋은 관리자란 소리도 듣고 싶어진다.

연초에 업무분장을 새로 하기 위해 팀장이 회의를 소집했
다. 팀장은 하고 싶은 업무들을 말하면 되도록 그 일을 맡
게 해주겠다고 한다. 그런데 평소 팀장과 감정이 안 좋았던
직원 한 명이 엉뚱한 업무를 맡겠다고 고집을 피우기 시작
했다.

팀장은 여러 여건을 설명하며 다른 업무를 선택하면 좋겠
다고 했다. 그러나 직원은 '맡게 해줄 테니 말하라 하지 않
았냐', '이럴 거면 뭐하러 의견을 내라 했냐'며 회의 분위기
를 소란스럽게 만들었고, 다른 이들은 말할 기회도 없이 직
원과 팀장의 입씨름을 지켜봐야 했다. 팀장은 논리적이고
이성적으로 설득하려 했지만 직원은 막무가내였다.

보다 못한 다른 직원이 다음에 다시 회의하자며 정리를 하려 해도 그 직원은 결론을 내야 한다며 팀장을 붙들었고, 둘만 남아 팀장은 다시 곤욕을 치러야 했다.

또 다른 사례. 새로운 팀원이 왔다. 서로 인사하는 일종의 티타임 자리에서 팀장은 "오늘 중에 각자 시간 내서 새 팀원에게 자기 업무를 설명해줄 것"을 요청했다. 그러자 평소 팀장을 무시하는 직원 한 명이 다소 공격적으로 "그냥 총괄담당자가 설명하면 되지 각자 설명할 필요가 있어요?" 했고, 당황한 팀장은 그렇게 팀원들끼리 얼굴 한 번 더 익히면 좋겠다는 취지임을 설명했다. 그러나, 직원은 큰 의미 없으니 총괄이 설명하자고 우기며 이야기가 길어졌고 나중에는 다른 직원까지 가세해 총괄 한 명이 설명하는 방법과 각자 설명하는 방법의 장점과 단점을 따지는 자리가 되어가고 있었다.

업무분장이야 말로 팀장이 정해서 분장하면 되는 일이다. 토론할 일이 아니다. 팀장이 마음이 좋아 팀원들 의견을 반영한다고 했으니 의견을 얘기할 수는 있지만 팀장은 참고를 할 뿐이다. 엉뚱한 업무를 맡겠다고 우기는 직원에게는 "업무분장은 내 권한입니다. 의견을 참고하겠다는 것이지 해달라는 대로 해주겠다는 것이 아닙니다. 이제 다른 직원 의견 좀 듣겠습니다."하고 넘어가면 좋았겠다 싶다.

두 번째 사례는 내가 속한 팀에서 있었던 일이다.

> 신규 직원에게 업무설명하는 방식이 이러면 어떻고 저러면
> 어떻다고 얘기가 길어지나 싶어서 "토론할 일이 있고 의사
> 결정할 일이 있죠. 이건 토론할 일이 아니에요. 팀장님이 결
> 정해서 지시하시면 될 일이에요. 이걸 갖고 뭘 토론을 하고
> 있어요. 팀장님이 정리해주세요." 했고 팀장은 원안대로 정
> 리하고 회의를 마쳤다.

대단히 노련한 관리자가 아닌 이상 대뜸 들어오는 공격적 발언
에 당황할 수밖에 없다. 이런 경우 대부분 방어적이 돼서는 뭔가
설득력 있거나, 논리적으로 모순이 없는 답변을 하는 데 에너지를
쏟게 된다. 하지만, 다들 배운 사람들인데 직원이라고 그 정도 논
리를 펼 줄 모를까. 그럴 때에는 한숨 돌리고 이것이 토론할 일인
지 단순 의사결정할 일인지를 먼저 판단하면 된다.

반면 이런 일도 있다.

> 공공기관 공보실에서 일할 때 경험이다. 기관장의 과거 비
> 리 의혹을 제기한 보도가 터졌다. 취재 경쟁으로 공보실 전
> 화는 불통이 되다시피 했고, 기자들도 몰려드는 중이었다.
> 공보실에서는 언론 담당자들이 모여 예측 가능한 상황과

대응 방법, 취해야 할 기본적 입장 등을 논의하고 있었다. 그런데 얼마 후 윗선에서 모든 것이 결정되어 내려왔다. 당시 공보실에 전달된 내용은 "내일 10시 기자회견할 거니까 기자들에게 알릴 것" 외에는 없었다. 사과를 위한 것인지 해명을 위한 것인지도 모른 채 기자회견이 시작됐고 결과는 참담했다. 위기를 정면돌파하려던 기관장은 그날로 불명예스러운 사퇴를 해야 했다. 이 대응이야말로 언론의 반응이나 관련 단체의 입장, 뉴스 댓글 추이 등을 놓고 토론과 의견수렴이 필요한 일이었다. 한참이 지난 일이건만 아직도 아쉬움이 크다.

이처럼 토론할 일과 의사결정할 일을 혼돈하는 예는 흔하다. 관리자가 되면 왠지 수평적 의사소통을 해야 할 것 같고, 권위주의에 빠지면 안 될 것 같고, 좋은 관리자란 소리도 듣고 싶어진다. 한편으로는 결단력 있고 위기관리 능력 좋은 믿음직한 관리자라는 소리도 듣고 싶기 마련이다.

다 좋다. 그런데 중심을 잡는 노력이 필요하다. 압박에 쫓겨 토론과 공감이 필요한 일을 일방적으로 밀어붙이거나, 반대로 그냥 지시하면 될 일을 하염없이 의견을 물으며 시간을 허비하는 식이 되면 안 될 일이다.

언니의 따뜻한 말 한마디

거절은 담백하게

참는 것이 더 편하면 참자.
그러나, 가끔 그만 참고 싶을 때는 용기를 내보자.
그 부탁 하나 거절한다고 세상이 무너지지는 않으니까.

옆 팀 하위직 여직원을 지켜보며 '직장 들어가기 전에 어디서 거절하는 법 좀 교육시켜 주면 좋겠다'는 생각을 한 적이 있다. 처음에는 미안해하며 부탁을 했던 사람들도 차츰 그녀의 묵묵함을 당연하게 여기는 걸 볼 때면 그런 생각은 더해갔다.

나는 서무 업무도 중요한 고유 직무라고 생각한다. '한 서무 열 팀장 살린다'라는 격언(!)에도 동의한다. 서무의 역할이 어디까지인지 사람마다 해석이 다르기는 하지만, 옆 팀의 그녀는 내 기준에 서무 업무라고 볼 수 없는 일까지 맡아하고 있었다.

예를 들어 옆 팀은 인쇄 중 종이가 떨어져 '삐삐' 하는 경고음이 계속돼도 아무도 종이를 채우지 않는다. 그녀가 자리에 없으면 올 때까지 프린터는 삐삐, 계속 울고 있다. 다른 팀 직원이 시끄러우니 종이 좀 채우라 하면 '방법을 모른다'는 답변이 돌아온다. 그럴 리가. 다들 직장생활 7~8년은 넘긴 사람들인데. 하기야 다른 자리 전화 당겨 받는 법도 모른다고 주장하며 그녀를 기다리는 사람들이니 뭘 기대하겠는가.

언제나 조금도 손해는 안 보겠다는 마음으로 직장생활을 할 필요는 없다. 쓸데없는 영역다툼이나 기싸움도 나는 반대다. 하지만, 이것만큼은 거절하고 싶다는 생각이 들 때 나는 어떤 방법을 택할 것인지 평소 궁리해둘 필요가 있다는 생각이다.

A는 팀 동료들에게 습관처럼 잔심부름을 시켰다. 회의 마치고 바로 외근을 나가야 해서 그러는데 노트북 갖고 주차장으로 좀 와 달라거나, 외근 후 바로 국장님께 보고를 가야 해서 그러는데 책상 위 다이어리 좀 갖고 국장실 앞으로 와달라거나, 깜빡 잊었는데 책상 서랍 좀 잠가달라거나 카메라를 좀 반납해달라거나 하는 식이다. A에 대한 동료들의 대처 방법은 조금씩 달랐다.

한 명은 얼떨결에 "네…….." 하고는 찜찜해하기를 반복했다. 다른 한 명은 몇 번 참다가 잠깐 얘기 좀 하자고 해서는 진지하게 문제제기를 했다. 마지막 한 명은 항상 선선하게 "네~!" 대답하고는 아무것도 안 했다. 기다리다 A가 직접 가지러 오면 "어머! 잠깐 다른 거 하다가 깜빡했어요!" 하며 모자란 체를 했다. A가 차마 화는 못 내고 쉽게도 잊어버린다고 웃으면 "워낙 시답잖은 부탁이라서요~!" 하며 더 활짝 웃고는 했다.

A는 결국 자기 일은 자기가 하는 사람으로 거듭났다. 인사이동 전까지 셋 모두 A와 편한 관계를 유지했다는 점도 재미나다. 거절이 곧 관계의 불편함으로 이어지지 않더라는 것을 확인할 수 있었다. 세 명의 대처를 보면서 사람 참 제각각이다 하는 생각을 다시 한 번 했다. 셋더러 서로 방식을 바꿔보라 하면 못할 일일 것이다. 거절도 자기에게 맞춤형인 방식이 있을 거란 이야기다.

내 경우는 마지막에 가깝다. 예컨대, 팀장이 다른 동료의 기획 안을 나더러 손보라 하면 대부분은 선선히 맡아 수정하지만 아주 가끔 거절해야겠다 싶을 때는 "기획안 좋은데요? 수정할 게 없어요." 하고 돌려주는 식이다. 매번 이러시면 곤란하다든지 내 일만으로도 바쁘다든지, 하는 괜한 시비는 벌일 필요가 없다. 내 평판만 깎을 뿐이니까. 거절은 담백할수록 좋더라는 것이 내 경험이다.

거절도 연습이 필요하다. 이때 중요한 것은 나한테 맞는 옷이 무엇인가를 아는 것, 그리고 약간의 용기일 것이다. 참는 것이 더 편하면 참자. 그러나, 가끔 그만 참고 싶을 때는 용기를 내보자. 그 부탁 하나 거절한다고 세상이 무너지지는 않으니까.

우아하게 자기주장하는 비결

우아하고 담백하게 자기주장을 펴고 싶은가. 내가 주장하려는 것,
내가 원하는 것만 스스로 분명히 하면 된다.
대의명분 따위 필요 없다.

드세다 억세다 소리 듣지 않고 우아하고 담백하게 자기주장을
하는 사람들이 있다. 비결이 뭘까. 화술? 태도? 업무적 전문성? 논
리적 완결성? 아니다. 자신이 무엇을 원하는지 분명히 알고 있다
는 점이 비결이다. 의외로 사람들은 자신이 원하는 것이 무엇인지
분명히 하는 일에 소홀하다. 드러내면 손해라는 생각도 강하다. 그
래서, 정작 내가 원하는 것은 쏙 빼고 말을 하니 우아하기도 담백
하기도 틀린 거다.

직원 A의 업무를 조정했다. 사전 면담에서 A는 "저는 상관
없는데, 후임자가 그 업무를 소화할 수 있을까요?"라고 대
답한다. 소화할 수 있다고 판단해 조정을 예고했더니, A는

면담을 청했고 면담이 끝난 후에도 장문의 메일을 보내 자신의 의견을 피력했다. 회사가 처한 상황, 업계 동향, 업무 특성, 자신과 후임자의 특장점을 종합했을 때 후임자는 적임이 아니라는 절절한 내용이었다. 그러면서도 자신은 무슨 일을 하든 상관없고 오로지 회사를 위한 의견일 뿐이라는 입장에 변함이 없었다.

백 번 양보해 A의 분석이 맞을 수도 있다. 하지만, 관리자는 부족해 보이는 직원에게 기회를 주는 결정을 할 수도 있고, 직무 전환이 필요한 직원에게 도전을 요구하는 결정을 할 수도 있다. A가 그저 평론을 하고 싶은 게 아니라면, 자신이 원하는 것을 분명히 했었어야 한다.

조직개편을 하며 업무 조정을 받게 됐다. 옆 팀의 사업을 하나 받으며 담당자도 함께 받는 변동이었다. 그런데, 옆 팀장 B가 곧장 본부장 면담을 신청해 항의했고, 본부장은 팀장들끼리 의논하라며 공을 넘겼다. 팀장 회의에서 B는 내게 보다 적절한 다른 사업을 받을 것을 제안했다. 그러자, 이번에는 인사팀장이 제동을 걸었다. 팀별로 업무 영역이 있는데 아무 사업이나 이동시킬 수는 없다며 원안대로 해야 한다고 주장했다. 각자의 명분을 내세우며 회의가 길어졌다. 그런데, 정말 어떤 사업을 넘길 것인지가 문제일까? 아니다. B팀장은 사업과 함께 세트로 이동해야 하는 담당자를 내주고 싶지 않은 거였다.

내가 "B팀장님은 지금 키핑 멤버에 대해 이야기하고 계신 거라고 생각된다."고 하자 인사팀장은 "내 말이!" 하며 노골적이 되어 다그쳤다. "B팀장님, 사업은 뭘 넘기든 상관없고 아무개 씨만 데리고 있을 수 있으면 된다는 거죠? 데리고 있으세요 그럼. 다른 사람 보내죠 뭐. 이 친구나 이 친구면 되겠어요?" 어떤 사업을 넘길지를 두고 했던 논쟁은 누구를 보낼지에 대한 것으로 바뀌었고, 민망한 분위기가 이어지다 결국은 원안대로 하기로 하고 회의를 마쳤다.

"저는 지금 하는 일을 계속하고 싶어요", "아무개 씨는 제게 꼭 필요한 사람이에요." 이 간단한 말을 못해 며칠씩 빙빙 돈 것이다. 시간 낭비는 그나마 낫다. 수가 얕다는 평판도 짊어져야 한다.

어떤 상황에서든 누구나 자기 계산을 하기 마련이다. 그런데, 내 계산이 회사의 계산과도 맞아 떨어진다는 즉, 대의와도 부합한다는 증명을 하는 데 너무 많은 에너지를 쏟는 게 문제다. 회사의 이익과 개인의 이익이 일치하는 상황이 얼마나 되겠는가. 또, 개인의 이익이 회사의 이익에 반해봐야 얼마나 반하겠는가. 내 주장의 명분을 쌓는 일은 그만해도 된다. 그보다는 내가 원하는 것이 무엇인지를 명확히 하는 일이 훨씬 중요하다.

동료 C는 새로 온 팀장 때문에 잠을 이루지 못할 정도로

언니의 따뜻한 말 한마디

힘들어했다. 팀에서 가장 크고 중요한 행사를 담당하고 있었는데, 팀장의 전문성이 너무나 떨어져 도움이 안 된다는 게 불만이었다. 그런데, 내가 보기엔 팀장의 전문성이 문제가 아니라 C의 역량과 행사에 대한 부담감이 문제였다.

전 팀장은 "장소는 여기로 대관하고, 사회는 아무개 교수에게 맡깁시다. 전화번호 여기 있으니 연락해놓아요. 발제자는 누구누구로 하고, 만약 안 된다고 하면 누구에게 연락해봐요. 연락처 줄게요. 발제문은 이런저런 주제로 각각 요청드리고요." 하는 일처리 방식을 갖고 있었다. C는 스스로 생각할 것도, 알아볼 것도 없이 그저 시키는 일을 처리하면 됐다.

반면, 새로 온 팀장은 "최근 이슈들 점검해서 어떤 주제로 하면 좋을지 뽑아보고, 연구자들 논문 서치해서 적합한 발제자들 리스트업 해주세요. 그거 갖고 검토해봅시다." 하는 식이니 C로서는 버거울 수밖에 없는 것이다. 그러나 C는 "내가 여태 그렇게 일해본 적이 있어야 말이지. 너무 버거워. 같이할 사람을 붙여주던가 담당자를 바꾸던가 해주면 좋겠어."라고는 절대로 말하지 않았다. 모든 상황을 팀장의 전문성 문제로 돌렸고 팀장이 전문성을 키우지 않는 한 C는 계속 징징댈 수밖에 없었다.

동료 D는 입바른 소리로 유명했다. 항상 시작은 "나야 이해하지만 사람들이 욕해. 직장은 혼자 지내는 곳이 아니잖아. 내가 너 생각해서 하는 얘기야."였다. 이렇게 시작하는 말들은 대개 날 생각하지 않기 때문에 하는 말들일 확률이 크다. 그러니 듣는 사람도 고마운 마음은커녕 기분만 상하기 마련이다. D는 자신의 선의가 받아들여지지 않는 것을 답답해하지만 문제는 다른 데 있다.

하루는 내게도 그러기에 웃으면서 "사람들 누구? 다 붙잡고 물어봤어? 그냥 네가 싫은 거잖아. 자기가 싫은 것도 싫다고 말을 못해서 사람들 뒤에 숨을 거면서 누구를 가르치려고 해. 그냥 네가 싫다고 해. 근데, 내가 꼭 너 좋은 방식으로 살아야 돼? 나는 내 방식이 좋아."라고 말했다. 평소 D의 말을 들으면서 '요약하면 D 본인의 가치관에 부합하게 행동하라는 건데 직장 동료한테 요구할 수 있는 문제는 아니지 않나?' 하는 생각을 했었기에 나온 말이었다.

우아하고 담백하게 자기주장을 펴고 싶은가. 내가 주장하려는 것, 내가 원하는 것만 스스로 분명히 하면 된다. 대의명분 따위 필요 없다. 명분은 어차피 내 식대로 합리화한 것에 지나지 않는다. 나는 용기 내서 어렵게 얘기한 건데, 욕심 많고 말 많다 소리가 들려온다면 생각해봐야 한다. 내가 진짜 원하는 게 무엇인지부터 말이다.

언니의 따뜻한 말 한마디

기획을 잘하고 싶은가 vs
기획서를 잘 쓰고 싶은가

독서의 힘은 업무에서도 발휘된다.
책 좀 읽었다고 생각되는 사람들의 기획안이 확실히 다르다는
생각을 한다. 이것은 마흔 이전에도 확인되는 부분이다.

책을 멀리한 때가 있었다. 내가 생각해도 책을 너무 안 본다 싶으면서도 '매주 시사주간지는 꼼꼼히 읽고 있으니까' 하며 스스로 위안을 했었다.

어느 날 선배를 만나 무심코 "책 안 본 지 오래됐어요." 했다가 한참 동안 일장연설을 들어야 했다. 선배는 책과 기사는 긴 호흡의 글을 읽고 전체를 구조화해서 이해한다는 점에서 차원이 다르다며, 마흔 넘어가면 책 읽은 사람과 안 읽은 사람이 티가 난다고 그때 되면 책 안 읽은 사람하고는 대화가 안 된다며, 얘가 큰일 내겠다며, 머리 비었다는 소리 안 들으려면 책 읽어야 한다고 정말 난리를 쳤더랬다.

논리적으로 설득됐다기보다 경악과 걱정이 교차하던 선배의 표

193

정이 머리에 남아 책을 손에 잡기 시작했다. 그러면서 새롭게 안 사실은 내가 어떤 분야의 책을 좋아하는지였다. 전에는 대형 서점에 소개된 베스트셀러 목록에서 책을 골랐다면 이제는 내가 좋아하는 분야의 책을 골라 읽으면서 독서의 재미를 알게 되었다.

이제 마흔이 넘었다. 수년 전 선배가 걱정하던 40대의 모습은 간신히 면하지 않았나 싶다. 그리고, 주변을 보니 정말 티가 났다.

정말이다!

사실, 독서의 힘은 업무에서도 발휘된다. 책 좀 읽었다고 생각되는 사람들의 기획안이 확실히 다르다는 생각을 한다. 이것은 마흔 이전에도 확인되는 부분이다.

화장품 회사에 다닐 때 일이다. 메세나 활동의 일환으로 미술 작가들과 화장품을 모티브로 한 작품 전시회를 개최했었다. 기획 회의를 하는데 참석자 대부분은 우리가 색조 브랜드이므로 색을 주제로 하자는 의견을 냈다. 조금 발전시켜 'Color-full! Power-full!'이라는 콘셉트로 색과 에너지로 가득한 전시회를 만들자는 이야기도 나왔다.

그때, A가 여성이 왜 화장을 하는가에서 출발해보잔다. 여성에게 화장은 나를 드러내는 행위이자 세상과 커뮤니케이션하는 방식이라며 '메이크업은 소통'이라는 콘셉트를 제안했다. 지금이야 '소통'이 흔히 쓰이지만 15년 전, 메이크업과 소통을 연결시킨 제안은 신선했다. 우리는 A의 기획이 작가의 창작 욕구를 자극하고 작품의 다양성을 기대할 수 있겠다는 결론을 내렸다. 먼저의 아이디어는 A의 콘셉트 안에서 한두 개 작품으로 풀어내는 것으로 정리됐다. 근사해 보였던 Color-full Power-full은 갑자기 그저 그런 말장난처럼 느껴졌다.

A는 책 좀 읽는다는 친구였다.

또 다른 직장에서의 일이다. 아마추어 작가들을 위한 공예 전시회를 기획해야 했다. 회의를 하는데 작년에는 가죽, 패브릭, 금속 등 소재 중심으로 공예품을 전시했더니 작품마다 크기가 달라 산만했다며 올해는 인테리어 소품, 액세서리 등 유형별 전시로 콘셉트를 잡자는 이야기가 오가고 있었다. 나는 '이건 전시장 배치 계획안은 될 수 있어도 전시 기획안은 될 수 없는데……' 하는 아쉬움이 있었다.

그때 B가 "김영하의 『여행자 도쿄』라는 책이 있는데요." 한다. 도쿄에는 작은 상점들이 많은데, 우리나라 상점이 프랜차이즈 브랜드와 브랜드가 보증하는 신용을 판다면 도쿄의 상점은 상점마다 각기 다른 주인의 취향과 고집, 스토리를 판다는 내용이 있단다. 우리 전시회도 공예품을 만드는 사람들의 취향과 스토리를 갖고 관람객과 교류하는 콘셉트면 좋겠다고 한다. 아마추어를 벗어나 사업화에 성공했거나 작가로 활동하는 선배 공예인들의 스토리로 후배 공예인들과 교류하는 프로그램도 제안했다. 전시장을 산책로처럼 구성해서 공예 선후배와 관람객들이 산책 중에 100개의 작품이 아닌 100개의 스토리와 마주하도록 기획하자고 한다.

B 역시 책 좋아하기로 소문난 직원이었다.

일부 자기계발서를 비롯해 몇몇 분야는 조금 다를 수 있지만, 대부분의 책은 사람, 특히 나와 다른 타인에 대한 이해를 본질로 하고 있다. 소설이라면 등장인물들이 왜 그런 선택을 하는지 이해하는 과정이 있고, 철학서라면 인간의 보편 정서에 대해 이해하려는 노력이 바탕에 있다. 역사서에서는 인간의 욕망이 어떻게 들끓어 역사의 새로운 장을 여는지, 수필이나 여행기에서는 한 인간이 낯선 누군가와 만나 어떻게 서로의 세계를 확장하는지 하는 것들을 찾을 수 있다. 이렇듯 인간에 대한 이해가 바탕이 되었을 때 차원이 다른 기획이 나오는 것 같다.

기획서 잘 쓰는 법, 파워포인트 활용법 같은 책들은 잠시 내려놓자. 그런 책들은 내게 좋은 기획이 있을 때 그 기획을 보다 돋보이게 하는 용도다. 아직 좋은 기획이 없다면 그런 책들은 도움이 안 된다. 기획서를 잘 쓰고 싶은 게 아니라 기획을 잘하고 싶다면, 책을 읽자. 인간에 대한 이해가 바탕에 깔린 책이면 무엇이든 좋다. 그게 쌓여 내공이 될 것이다. 그래서, 나도 읽다 던져놓은 저 책들을 마저 읽기로 다짐한다.

언니의 따뜻한 말 한마디

기획을 잘하는 사람 vs
기획서를 잘 쓰는 사람

자기 주장과 자기 생각이 먼저다. 자신의 주장이
도출되기까지의 고민과 계획을 문서에 담는다고 생각하면 된다.
그러다보면 문서 작성 능력은 따라오게 된다.

기획서를 잘 쓰는 사람에게 기획을 넘겨야 할 때가 있더라,
기획도 잘하고 기획서도 잘 쓰면 좋지만 그렇지 않은 경우
회사는 둘 중 누구를 선호할까?

기획에 관한 이야기를 하다보면 나오는 질문 중 하나다. 결론부
터 얘기하면 둘 다 선호한다. 상황에 따라 각각의 쓰임새가 있기
때문이다. 다만 희소가치 면에서 기획을 잘하는 사람이 좀 더 낫
고, 기획을 하다보면 문서 작성 능력도 따라오게 돼 결과적으로
둘 다 갖추는 경우를 많이 본다. 반대로, 문서 작성 능력이 좋다고
기획력이 따라오는 경우는 못 봤다.
  기본적으로 직장에서 문서 작성 능력은 매우 유용한 무기이다.

따라서 연마가 필요하다. 그런데, 기능대회라도 나갈 것처럼 기술적인 부분의 연마에만 골몰하는 사람들을 본다. 동영상 편집을 비롯해 새로 나온 문서 편집 프로그램들은 다 섭렵하고 단축키까지 외워 현란한 문서 작성 능력을 뽐낸다. 하지만 그 자체를 대단한 경쟁력으로 쳐주지는 않는다. 기획안을 만드는 이유는 내용을 설득하기 위한 것이지 눈요기를 시키려는 것이 아니기 때문이다. 완성된 기획을 어떻게 잘 담아내고 설득력 있게 표현할 것인지 설계할 수 있어야 프로그램 활용 능력도 비로소 경쟁력을 갖게 된다.

예컨대, 설득을 위해 동영상을 사용할 수는 있지만 동영상을 보여주기 위해 동영상을 넣어선 안 된다. 동영상 하나 들어가면 기획안이 풍성해질 것 같지만 천만의 말씀이다. 맥락과 의미가 불분명한 동영상은 오히려 집중을 방해한다.

첫 직장에는 보고에 대한 기대수준이 유독 높은 부장이 있었다. 공들여 작성한 보고서를 "표!" 또는, "가로로!" 한마디 하고 돌려주는데 절대로 만들 수 없을 것 같던 표가 만들어지는 경이로운 경험을 하곤 했다. 보고받는 사람이 한눈에 파악할 수 있도록 작성하지 않으면 아예 쳐다보지도 않았고, 이제 좀 볼 만하다 싶게 올리면 그때서야 검토를 해주는데 이번엔 빨간 펜 천지다.

수정해서 가져갈 때는 빨간 펜이 난무한 직전 보고서를 함께 가져가야 했다. 일일이 대조하며 "내가 쓴 거 읽어보고

언니의 따뜻한 말 한마디

수정한 거야? 실행 계획을 구체적으로 쓰라는 건데 이걸 기대효과에 넣으면 어떡하나." 하는 식이니 긴장을 늦출 수가 없다. 기대수준도 높고 집요하기도 말할 수가 없었다. 이 모든 과정을 거쳐 최종 컨펌을 받으면 보고서에 금테라도 둘러 보관하고 싶을 정도였다.

그런데, 그 까다로운 부장도 칭찬을 아끼지 않을 때가 있었다. 뭔가 질문을 던졌을 때 고민의 흔적이 보이는 답을 하는 경우다. 자기 생각과 주장이 있는지를 가장 중요하게 봤다. 반면, 내용적 고민이 없으면 아직 신참인 나는 입을 딱 벌리는 보고에도 "다 아는 얘기를 잘 정리한 것일 뿐"이라거나, "그러니까 지금 네 말은 졸리면 자야 한다, 밥 먹으면 배부르다는 말이잖아." 하며 가차 없이 깎아내렸다. 자기 생각과 주장이 있으면 문서로 표현하는 법은 훈련시키면 되는데, 그게 없으면 백날 파워포인트 붙들고 있어야 소용없다는 얘기였다. "디자인만 신경 쓰지 말고 내용을 좀 신경 써."라는 말이 가장 뼈아픈 질책이었다.

새로 맡은 팀에는 에이스 대우를 받는 과장 A가 있었다. 문서 작성 능력 때문이었는데, 군더더기 없는 문장과 적절한 도표 사용, 깔끔한 그래픽이 문서를 '있어 보이게' 했다. 하지만 내용을 보면 여러 문서를 짜깁기 한 것에 지나지 않았다. 형식만 화려하지 자기 기획이 없었다. 생각 없이 짜깁기를 했으니 취지와 추진 방향과 실행 계획이 전부 따로 놀고 있었다.

A는 과장이 될 때까지 누구에게도 훈련받지 못한 탓에 단발성 특강 기획안에도 자기 생각을 담지 못했다. 예컨대, 요즘 뜨는 강사를 소개받았다며 보고서를 작성해 왔는데 주제가 죽음을 앞두고 해보고 싶은 일에 대한 것이란다. 당초 특강 취지하고 안 맞는 것은 둘째 치고 교육생은 40~50대인데 20대 강사가 죽음을 얘기하는 게 설득력이 있겠나 싶어 물어보면 멍한 표정이 되곤 했다. 문서 자체는 강의실 사진에 배치도와 강사 프로필까지 넣어 얼핏 보면 흠잡을 데가 없었다. 새삼 첫 직장의 가혹했던 부장이 고마워졌다. 나는 그때의 부장만큼 열정이 없었다. 나를 만나고 주가가 떨어지는 A를 붙들고 가르치지를 못했다.

반면, 어렴풋이 자기 생각은 있는데 문서 작성 능력이 떨어지는 직원의 경우는 채워주고 싶은 마음이 든다. 이런 경우는 자기의 기획을 문서화하는 것인 만큼 조금만 지원해주면 훌쩍 성장하기 때문이다. 다시 처음의 질문으로 돌아가, 회사에서 선호하는 순서를 따지면 다음과 같다.

첫 번째는 기획을 잘하고 그것을 문서로 잘 표현할 수 있는 사람이다.
두 번째는 기획은 잘하나 문서 표현이 약한 사람이다.

세 번째는 기획은 약하나 문서 작성 능력이 좋은 사람이다.

　기획이 좋은 사람과 문서 작성능력이 좋은 사람을 묶어 운영할 수도 있기는 한데, 직급이 문제가 돼 묶어주기 어려울 때가 있다. 대리가 기획하게 하고 과장이 문서 작성하게 할 수는 없는 일이니 말이다.

　그래서, 다시 기획을 잘해야 한다는 결론으로 돌아가야겠다. 자기 주장과 자기 생각이 먼저다. 자신의 주장이 도출되기까지의 고민과 계획을 문서에 담는다고 생각하면 된다. 그러다보면 문서 작성 능력은 따라오게 된다. 그러니 다시, 책을 읽자!

3장. 직장 내 커뮤니케이션, 나비처럼 벌처럼!

말주변이 좋으면
커뮤니케이션도 잘하나?

연차가 쌓이고 직급이 올라갈수록
커뮤니케이션을 못한다는 것은 치명적인 약점이 된다.

　어디서든 커뮤니케이션 능력은 중요하다. 쉽게 말해 '말귀를 알아들을 수 있는 능력'인데, 말귀를 못 알아들으면 협의와 설득에 긴 시간을 할애해야 하고 그랬는데도 일은 산으로 가는 경우가 허다하다. 그래서 커뮤니케이션도 비용이라며 '커뮤니케이션 코스트(cost)'를 관리하라는 말들을 하는 것일 터다. 커뮤니케이션을 잘한다는 건 단지 말주변이 좋다는 의미가 아니다. 어떤 한 문장을 두고 그 문장이 나오게 된 취지나 맥락을 이해해야 하는 것은 물론, 그 말을 하는 사람의 의도와 쟁점을 파악하고 이를 종합해 협의와 결정을 해야 하는 복잡한 행위이다.

　옆자리에 미국인 인턴이 새로 왔다. 미국에서 나고 자랐지만 부모님 모두 한국인이라 한자어에만 약간 취약할 뿐 일상에서의 대화는 아무런 문제가 없었는데, 하루는 잔뜩 화가 나서 들어온다. 문 앞에서 출입카드를 찾고 있는데 어떤 사람이 '어떻게 오셨냐'고 묻더라며 못 올 데 온 것도 아닌데 이상한 사람 취급당했다고 투덜댄다. 며칠 후 다른 팀 동료가 '이러저러하게 생긴 사람, 너네 팀 직원이야?' 하더니 문 앞에서 헤매고 있어서 상냥한 어투로 '어떻게 오셨어요?' 했는데 무척 불쾌해 하면서 퉁명스럽게 직원이라고 하고 가더라는 얘길 한다.

'어떻게 오셨어요?' 한 문장을 두고 이렇게 해석이 다르다. 나의 동료는 '도와드릴까요?'쯤의 뜻이었을 텐데, 미국인 인턴은 '당신 뭔데 여기서 얼쩡거려?' 하는 뜻으로 해석한 것 같았다. 이렇게 쉬운 문장을 두고도 취지와 맥락, 말하는 이의 의도를 파악하지 못하고 어긋날 수 있는 게 커뮤니케이션이다. 하물며 업무상 커뮤니케이션이야 말해 무엇하겠는가.

갑자기 떨어진 일회성 행사를 진행하게 됐는데 며칠 후 상담팀장 A가 미팅을 청한다. 한 달이면 끝날 행사에 고객 문의에 대한 답변 매뉴얼 만들고 상담원들에게 숙지시키고 하느니 이번 행사 문의에 대한 답변은 사업팀에서 처리하면 좋겠다는 요청을 한다. 일반 문의도 많은데 갑자기 행사

문의까지 소화하려니 어려움이 크단다. 어찌나 조목조목 요령 좋게 말하는지 얼핏 들으면 다 맞는 말 같다.

그러나, 이 논의에서 쟁점은 어느 한 팀의 편의를 위해 업무를 조정하는 것이 타당한가이다. 나는 갑자기 떨어진 행사로 사정이 어려운 건 마찬가지고 그럼에도 불구하고 행사를 진행하는 게 우리 팀 몫이듯 그럼에도 불구하고 상담을 소화하는 게 상담팀 몫 아니겠냐고 거절했다.

그러나, A는 소소한 사례들을 들며 사업팀에서 하는 게 낫다는 의견을 굽히지 않았다. 어느덧 15분의 실랑이가 이어지자 점차 짜증이 나기 시작했다. 결국 나는 상담팀에서 소화하는 것을 원칙으로 하고, 문의가 너무 많거나 내용이 복잡한 경우에 한해 우리 팀으로 전화를 돌리는 것으로 하자고 했다. 그러자 A는 "제 말이 그 말이었는데요? 제가 처음부터 한 얘기가 그 얘기였어요. 오해가 있어서 짜증을 내셨구나~." 한다. 졸지에 말귀 못 알아듣고 짜증낸 사람이 됐다. 치솟는 화를 눌러 참고 내가 오해했나보다 마무리하고는 돌려보냈다.

A는 커뮤니케이션 방식이 늘 그러했다. 전체적 맥락은 상관없이 본인이 원하는 사항만을 되풀이해서 말했다. 이번 경우도 마찬가지다. 어느 한 팀의 편의가 업무 조정 사유가 될 수 있는지 하는 본질적인 문제는 제쳐두고라도, 사업팀으로 전화를 돌리는 데 있

언니의 따뜻한 말 한마디

어 예외적인 경우로 한정할지 아니면 무조건 돌릴지에서 엄연한 의견 차이가 있다. 그러나, A는 '전화를 돌린다'는 점에서 같은 얘기를 하고 있다고 보는 것이다. 내 입에서 '전화를 돌리는 것으로 하죠'라는 말이 나온 순간 A는 앞서 나눈 이야기가 무엇이었든 상관없이 자신의 주장이 관철됐다고 판단했고, '승리'의 요인은 자신의 조리있고 논리정연한 말주변에 있다고 믿었다. A와 같은 방식으로 대화하자면 지구 종말이 와도 전화는 돌리면 안 된다고 해야 하는데, 그런 식으로 대화할 생각이 없는 내가 접는 수밖에 없다.

'전화를 돌리겠다'는 한 문장을 두고 15분 넘게 씨름을 하고 결국은 이번 행사랑 걸쳐만 있으면 회사 위치가 어디냐는 문의까지 족족 연결되는 전화를 받으며 행사 준비를 해야 했다. 커뮤니케이션을 잘하는 길은 참으로 멀고도 험하다.

어쨌든 상담팀장 A는 자신의 주장을 관철시켰으니 성공한 커뮤니케이션이라 할 수 있지 않냐고? A는 한 팀에서 석 달 이상을 못 있고 여기저기 전전하다 1년도 못 돼 그만둬야 했다. 연차가 쌓이고 직급이 올라갈수록 커뮤니케이션을 못한다는 것은 치명적인 약점이 된다. 내가 원하는 바를 조리 있게 설명하는 것을 넘어 전체적 맥락과 취지를 살피고 쟁점을 파악하는 것이 커뮤니케이션을 잘하는 첫걸음이다.

3장. 직장 내 커뮤니케이션, 나비처럼 벌처럼!

수사반장식 **커뮤니케이션은**
제발 그만!

애기한 사람은 있지만 들은 사람이 없고,
들은 사람은 있지만 애기한 사람은 없는 이 미스터리한 일은
직장에 다니는 동안 계속해 마주하게 될 것이다.

직장에서 영원히 풀리지 않는 미스터리. 전달한 사람은 있는데
전달받은 사람이 없고, 보고한 사람이 있는데 보고받은 사람은 없
다! 반대로, 전달받은 사람은 있는데 전달한 사람이 없기도 하고
보고받은 사람이 있는데 보고한 사람은 없을 때도 있다!

직장을 몇 차례 옮겨도 항상 접하는 상황이다. 회사 문화에 따
라 대처법이 다른데, 어떤 곳은 "미스커뮤니케이션(miscommunication)
이 있었나보네. 다시 정리해봅시다." 하며 대수롭지 않게 넘겼고,
어떤 곳은 모두가 수사반장이 돼서 '범인'을 색출하기도 했다. 회
의 때마다 노트북을 갖고 들어와 미친 듯 입력하며 '내가 다~ 적
고 있어~!!' 시위를 하는 사람이 넘쳐나는 피곤한 회사도 있었다.

언니의 따뜻한 말 한마디

"보고받은 적 없는데?"라는 말이 입버릇인 본부장이 있었다. 나는 TF 일을 하며 잠깐 겪었는데 아주 사소한 문제에서도 보고받은 적 없다는 말부터 튀어나오는 사람이었다. TF 직원들은 별 것 아닌 일도 문서로 만들어 본부장 결재를 받아두는 방법으로 맞대응을 준비했다. 드디어 본인이 결재한 문서의 내용을 두고도 보고받지 못했다 한다. 직원은 호기롭게 결재 문서를 들이밀었지만, 본부장은 "나야 전체적인 틀만 보고 결재하는 거지, 그런 중요한 사항은 구두로 따로 보고해줘야지!" 하며 끄떡도 않는다.

8개월의 TF 기간 동안 우리는 모두 괴로웠지만 깨달은 것도 있었다. 본부장이 보고받은 게 하나도 없어도 일은 잘 돌아간다는 것이었다.

내가 '수사반장식 커뮤니케이션'을 그만두게 된 것도 그 무렵이었다. 본부장이 그 지경인데 TF에서 진행했던 일이 성공적으로 끝난 것이다. 만약 본부장이 아니라 동료였다면 그냥 넘기지 못했을 텐데 본부장이니 참았었고, 그게 반복되니 처음에는 그렇게 억울하던 것이 점차 별 일 아닌 게 되어갔다. "보고를 못 받았대, 글쎄! 내가 그날 이러저러하게 얘기한 거 기억하지? 그때 본부장이 질문도 했었던 거 너도 알지? 맞다! 그때 옆에 팀장도 추가 설명했었잖아. 기억상실이야 뭐야!" 하며 한참을 분노하던 것에서 나중에는 "보고받은 기억이 없대. 그래서 다시 보고했고 이러저러하게 진행하래." 하고 넘어가게 된 것이다.

수사반장식 커뮤니케이션에서 '대안중심적 커뮤니케이션'으로 넘어간 셈이다. 밥이 탔으면 새로 지을지 안 탄 부분을 골라 먹을지 판단하는 게 중요하지, 어쩌다 누구 때문에 탔는지를 밝히는 건 중요하지 않다는 생각을 하게 됐다. 안타깝지만 이러한 입장을 견지하자면 하급자일 때는 약간의 억울함을 감수할 수밖에 없다. 그런데, 상급자일 때는 내 관리 하에 있는 조직의 문화를 바꾸는 힘이 된다.

이직해서 새로 맡은 팀의 커뮤니케이션이 희한했다. 간단히 해도 될 이야기를 길고 어렵게 했다. 예컨대, 퀵서비스 대장 어디 있냐고 물으면 될 것을 "퀵서비스 대장은 캐비닛에 걸어둔다고 했잖아요. 근데 없어서 전처럼 회의실에 있나 싶어 가봤는데 거기도 없더라고요. 어디 있는지 알아요?" 하는 식이었다. '캐비닛에 걸어둔다고 전에 말했죠!' 또는 '캐비닛에 없으면 회의실 가보라고 했죠!' 하는 식의 추궁을 의식한 것 같은 대화였다.

업무 회의를 할 때도 비슷했다. "전에 B가 얘기했듯이", "전에 C가 이렇게 하라고 해서"와 같은 단서들이 장황히 이어지고 나서야 본론이 나왔다. 예컨대, 내가 "3분기에는 경쟁사도 신제품 출시 예정인데 감안해서 잡은 매출목표인가요?" 하고 물으면 앞서 지목됐던 누군가 나서서 "그래서 제가 얘기했었잖아요. 경쟁사 동향도 알아보시라고요." 하며 몰아세웠다. 보고한 사람도 "언제요? 전에 제가 경쟁사 알아본다고 했더니 출시 시기 밀릴 거라면서요." 하며 가만히 있지 않는다. 회의 시간에 제일 많이 들리는 대사가 "그래서 제가 전에 얘기했었잖아요."였다.

이러한 분위기를 바꾸는 데 별다른 힘은 들지 않았다. 팀장인 내가 신경 쓰지 않으면 그만이었다. 누군가 '그래서 제가 전에 얘기 했었잖아요' 하면 지금부터 할 일만 챙기며 이야기의 방향을 돌렸다. 얼마간 그렇게 하니 분위기는 자연스럽게 바뀌었다.

얘기한 사람은 있지만 들은 사람이 없고, 들은 사람은 있지만 얘기한 사람은 없는 이 미스터리한 일은 직장에 다니는 동안 계속해 마주하게 될 것이다. 회사마다 대처 방식이 다르고, 그에 따라 회사 분위기도 다르다. 언제 어디서나 발생 가능한 미스커뮤니케이션으로 정리하고 앞으로 할 일을 챙기는 회사면 좋겠지만, 모두가 수사반장이 되는 회사라면 입장 정리가 필요하다. 수사반장 놀이에 동참할 것인지 분위기 트랜스포머가 될 것인지 말이다. 후자를 선택하라고 말하고 싶지만 상급자가 수사반장 놀이를 좋아할 때라면 큰 결심이 필요하다. 하지만, 할 수 없어 일보 후퇴를 하더라도 수사반장식 커뮤니케이션에 습관을 들이지는 않았으면 좋겠다. 길게 봤을 때 전혀 도움이 안 된다. 그리고, 나중에 관리자가 되었을 때 대안중심적 커뮤니케이션을 주도할 수 있기를 바란다.

파워 스피치 이전에 콘텐츠

좋은 스피치는 좋은 콘텐츠를 갖고 있을 때 가능하다.
그래서 이른바 '파워 스피치'를 고민하기 전에
나의 콘텐츠를 고민하고 다듬는 것이 우선이어야 한다.

스피치를 위한 책도 많고 학원도 많은 것 같은데, 왜 현실의 스피치는 별 볼 일 없을까. 몇 년 전 유명인의 개인 스피치 레슨을 해달라는 요청을 받았다. 전문 분야도 아닌데다 상대가 부담스럽기는 했지만 지인의 부탁이라 열심히 준비했었다. 그러면서 나 역시 스피치에서 정말 중요한 것이 무엇인지 정리해볼 수 있었다. 그날 나는 '결국은 콘텐츠'라는 이야기를 했다. 스피치는 요령만으로 되는 일이 아니다. 오히려 말발은 화려한데 알맹이는 없는 이야기를 들을 때 힘이 든다.

내가 전달하고 싶은 메시지, 설득하고 싶은 이야기가 있어야 좋은 스피치가 가능할 것이다. 나 스스로도 자신이 없고, 꼭 한번 해보고 싶은 마음도 없는 기획안을 들고 프레젠테이션에 나선다고 생각해보라. 말하는 사람이나 듣는 사람이나 서로 시간 낭비하는 것에 다름 아니다. 내가 전달하려는, 설득하려는 콘텐츠가 무엇인지 그것부터 구체적으로 정의하는 것이 좋은 스피치의 시작이다. 설득하고 싶은 마음이 간절할수록 스피치는 더욱 좋아질 수밖에 없다.

그날, 콘텐츠가 우선이고 스피치는 부차적 문제라는 내 이야기는 한참 자신감이 떨어져 있던 그분의 마음에 닿았고 우리의 만남도 강의라기보다 서로 상담하는 모양새가 되었다. 콘텐츠가 좋으면 달변이 아니라도 마음을 움직일 수 있다. 특히, 선수들끼리 모였을 때는 더더욱 그러하다.

꼭 하고 싶은 이야기가 있다면, 그다음은 정성을 다한 준비가 필요하다. 처음으로 특강에 나서는 친구가 밤 10시에 연락을 해왔다. 내일 아침 9시 강의인데 망칠 것 같아 퇴근도 못하고 있는 참이란다. 나더러 어떻게 준비했냐고 묻는다.

나는 무식하게 준비하는 쪽이다. 강의 때 할 말을 그대로 적어서 통째로 외워버린다. '안녕하세요, 저는 어디 소속 아무개입니다'부터 '마치겠습니다. 감사합니다'까지 한 글자도 빠트리지 않은 시나리오를 만든다. 중간중간 (질문을 던진다), (듣기만 하고 평가는 하지 않는다) 같은 지문도 넣어 준비한다. 왜냐하면 나는 전문 강사가 아니고, 강의 경험이 풍부하지도 않고, 순발력이나 임기응변에 능하지도 않기 때문이다. 그러니 무식하게 연습하는 수밖에 도리가 없다.

시나리오를 만들다보면 자료에서 빈 곳이 보이기 마련이고, 보완하다 보면 자료도 충실해진다. 실제로 강의하는 것처럼 여러 번 소리 내어 연습하고 강의실로 들어간다. 기획안 프레젠테이션을 준비할 때도 같은 방식으로 한다. 그래도 막상 앞에 서면 아무 생각이 안 나는 순간이 있으니 연습과 준비는 넘치게 하는 것이 나은 것 같다.

가수 윤도현의 좌우명이 '열심히 즐겁게'란다. 얼핏 모순적으로 보이지만 열심히 준비한 공연을 할 때는 절로 자신감이 붙고 그 자신감이 에너지를 만들고 결국 공연도 즐거워지더라는 설명이다. 이것은 예전에 해외의 작은 클럽 공연을 쉽게 생각하고 준비 없이 갔다가 너무나 창피했던 경험을 거울 삼은 좌우명이란다.

간절히 설득하고 싶은 콘텐츠도 있고 연습할 의향도 있다면 그 다음으로 스피치 요령을 익히는 것도 괜찮을 것 같다. 대체로 적용 가능하다 싶은 내용을 추려 보았다.

■ 모든 스피치는 첫 1분에서 승부가 결정된다

대기업 사장으로 재직하다 장관을 지낸 분이 인터뷰에서 이런 말을 했다. 직원이 보고를 들어오면 세운 채로 1분을 준다고 한다. 1분간 들어보고 더 들을 필요가 있다 싶으면 3분을 더 주고, 그 후에도 들어봐야겠다 싶으면 자리에 앉혀 30분을 할애한다고 한다. 그만큼 첫 1분이 중요한데, 자신이 전달하려는 내용의 핵심이 명확할수록 1분의 활용도는 높아질 것이다.

■ 육하원칙에 의거한 60글자 이내의 문장을 사용해라

말하고자 하는 요지를 육하원칙에 의거해 한 문장으로 정리하되 60자 이내에 집어넣어보라. 도저히 줄여질 것 같지 않은 문장이 줄여지며 주장이 명료하게 드러난다. 60자 이내로 줄이자면 우선 형용사와 부사가 빠진다. 괜한 전제가 되는 말도 빠진다. '제가 알아본 바에 의하면', '개인적 의견입니다만'과 같은 말들 말이다.

■ 종결어미를 관리해라

예컨대, 프레젠테이션 마지막을 '질문받기'라고만 생각해두었다면 현실에서는 '저, 그럼……, 질문하실 분……' 하고 말을 흐릴 확률이 높다. 내 경우, 프레젠테이션에서 종결어미를 어찌해야 할지 몰라 당황스러웠던 순간이 많았다. 사소하게 생각해서 놓친 때문이다. 기획의도를 말씀드리겠습니다, 설명 드리겠습니다, 다음과 같이 정리했습니다 사이에서 헤매다가 '기획의도는요, 음…….' 하는 식이다. 질문받기로 준비를 마치지 말고 '질문해주시죠', '질문 있으면 해주세요' 등 문장의 끝맺음까지 생각해두고, 질문이 없는 경우와 질문을 그만 받아야 하는 경우의 멘트도 준비해두는 것이 좋다.

■ 애티튜드는 나만의 스타일로

목소리 톤, 몸짓, 눈맞춤, 강의실 활용 범위 등도 스피치의
일부이다. 롤모델을 정하고 따라 한다 생각하지 말고 나에
게 어울리는 스타일이 무엇인지 찾고 정비해나가는 것이
자연스럽더라는 게 내 경험이다. 평소 조곤조곤 말하던 사
람이 갑자기 파워풀한 강사를 따라 말한다면 어색하기만
할 테니 말이다.

　다시 결론을 말하자면, 좋은 스피치는 좋은 콘텐츠를 갖고 있을
때 가능하다. 그래서 이른바 '파워 스피치'를 고민하기 전에 나의
콘텐츠를 고민하고 다듬는 것이 우선이어야 한다. 그럴 때에만 좋
은 스피치가 가능해진다.

4장

음식남녀?
직장남녀!

남자와 여자의 대화 방식에
정말로 차이가 있을까?

남녀의 대화 방식에 차이가 있을까. 사회에서 여성이
상대적으로 약자적 지위에 놓이는 경우가 훨씬 많기 때문에
남녀의 차이로 오해되었던 것 아닐까.

#1

A : 이번 주말 점심 어디서 먹을까? 너 좋은 데로 예약할게.

B : 난 아무 데나 상관없어.

A : 요 앞에 쌀국수집 새로 생겼던데 거기 어때?

B : 쌀국수? 나 쌀국수는 별론데……

A : 그럼 어디?

B : 다 괜찮은데……. 뭐, 뷔페로 하든가…….

#2

C : 와! 머리핀 예쁜 거 진짜 많다. 여기 잠깐 구경하고 가자.

D : 머리핀 많잖아. 뭘 또 사려고 해?

C : 누가 산대? 그냥 보자는 건데 같이 좀 예쁘다고 하면
　　안 돼?

#1에서 A는 이모이고, B는 고등학교 1학년인 남자 조카다. #2
에서 C는 초등학생 딸이고 D는 그 아이의 엄마다. 모르고 보면,
꽤 많은 사람들이 A와 D를 남자로, B와 C를 여자로 짐작하지 않
을까?

　미디어의 영향이 크겠지만 나 역시 이런 식의 대화가 남녀의 차
이에서 오는 것이라고 생각해왔다. 그런데, 직장에서 직급이 올라
가고 또, 아이와 조카들이 생기고 나니 지금까지 남녀의 차이라고
알고 있던 대화방식이 실은 강자와 약자의 대화법이겠다는 쪽으
로 생각이 바뀌었다. 점심 식당을 어디로 예약하면 좋을지를 부하
직원이 물을 때와 상급자가 물을 때 나의 답변 태도는 달라진다.
서로의 성별보다는 지위가 더 영향을 미치는 것이다.

　문제 상황 앞에서 남자들은 해결 지향적 대화를 하고 여자들은
공감의 대화를 한다고 알고 있었던 것도 마찬가지였다. 상급자로
서든 엄마로서든 강자적 지위에 있는 나는 문제 상황을 빨리 해결
하고 정리해야 했고, 그래서 대화 방식도 공감보다는 "문제가 생
겼다고? A업체에 연락해봤어? B방식으로 시도해봤어?", "결론만
말해, 출장을 갈 수 있다는 거야 없다는 거야?", "그래서 엄마가
어떻게 해주면 돼?" 같은 식이 되는 거다. 어떤 다이얼로그이든
남녀 차이가 아니라 강자와 약자의 차이로 설명할 때 예외가 없더

라는 것이 현재까지의 내 결론이다.

내가 처음 직장생활을 시작했던 1990년대 중반은 시중에 『남자처럼 말하고 남자처럼 일해라』와 같은 제목의 책이 꽤 많이 나오던 때였다. 여자들의 말하는 방식이나 일하는 방식에 문제가 있다는 전제가 깔려 있음은 물론이다. 나는 지금도 이러한 인식이 나아졌다는 생각은 들지 않는다. 덜 노골적일 뿐 크게 달라지지는 않은 것 같다. 갑자기 할 말이 마구 떠오르지만, 직장에서의 성차별 문제는 다른 글에서 다루기로 하고 하던 이야기로 돌아가도록 하겠다.

남녀의 대화 방식에 차이가 있을까. 현재로서는 성별을 근원으로 한 차이는 없더라는 것이 결론이다. 사회에서 여성이 상대적으로 약자적 지위에 놓이는 경우가 훨씬 많기 때문에 남녀의 차이로 오해되었던 것 아닐까. 다 떠나서, 직장에서건 사적인 관계에서건 할 수만 있다면 공감도 하면서 문제 해결도 가능한 대화를 하고 싶다. 그게 늘 쉽지 않더라는 게 함정이지만. 특히 내가 우월적 지위에 있을 때는 더더욱.

낯선 이를 대하는 우리의 자세

변화는 늘 낯선 것에서 시작되었던 것 같다.
낯선 존재를 두려워 말자.
낯선 존재가 되는 것은 더더욱 두려워 말자.

언론사 사회부는 힘든 근무 환경으로 유명하다. 사회부 기자들의 근무지는 사건 현장이다. 새벽이건 한밤중이건 사건이 있으면 달려가야 한다. 그래서 사회부 기자들의 차림새는 현장친화적(?)이기 마련이다. 그런데 기자 A는 조금 달랐다. 화장은 물론이고 미니스커트를 입거나 트렌디한 액세서리를 하는 식이었는데 단연 눈에 띄는 것은 그때만 해도 흔치 않았던 네일아트에 빛나는 손톱이었다. 노트북 자판을 두드릴 때면 브리핑룸에서 A의 존재감은 더욱 두드러졌다.

기자들 사이에서도, 내가 속한 홍보실 직원들 사이에서도 A는 화제의 인물이었다. 사실 나는 A 같은 사회부 기자의 출현이 내심 반가웠다. 재미있지 않은가 말이다. 뭐든 획일적인 것은 지루하다.

더구나 이 보수적이고 남성중심적인 언론사 사회부에서 여성성을 드러내는 용기라니! 그것이 본인에게 얼마나 불리할지 뻔히 알 텐데 말이다.

그렇다고 A가 마냥 해맑은 것은 아니었다. 한번은 옷차림에 대해 선배들이 지적하는데 사회부 기자라고 꼭 '그래야 하는 거냐'며 내가 보기엔 어떠냐고 묻는다. 풀 죽은 얼굴이었다. 나는 열렬한 응원을 보냈었다. 일하는 데 지장 없으면 되는 것이고, 그 나머지는 우리가 직장에서 여성성을 드러내는 것에 대한 고정관념을 깨야 하는 문제라고 했다. 그냥 지금 모습 그대로 사회부 기자로 남아주기를 바란다고 당부했었다.

정치부 여자 1호 기자였던 모 기자는 취재를 나가면 여기자를 난생처음 본 상대방이 악수를 해야 할지 그냥 인사를 해야 할지부터 헷갈려하더라는 일화를 소개했었다. 낯선 존재는 언제 어디서나 불편하다. 어쩔 수 없이 공존해야 한다면 그 존재 자체에 익숙해지는 방법과 그 존재를 변화시켜 내게 익숙하도록 만드는 방법이 있을 터다. 여성은 대체로 상대에게 익숙한 형태로 변화할 것을 강요받아왔던 것 같다.

나 역시 그러했고, 후회하고 있으며, 그래서 A에게 응원을 보낼 수 있었다. 이전에 다녔던 직장은 남자가 90%인 곳이었다. 미리 고백하자면 나는 '여성 마초'였다. 여성성은 드러낼수록 불리하고, 스스로를 남성화할수록 인정받기는 쉬운 그곳에서 나는 별 생각 없이 그들에게 익숙한 대상이 되고자 힘썼다. 동료 여직원들이 여성성을 드러내기라도 하면 먼저 나서서 억압했다. '여자들이란!' 하는 말이 나올 빌미를 주지 말자는 생각이었는데, 훨씬 나중에야 알았다. 그 말은 내가 생물학적으로 남성이 아닌 한 결국은 나오게 될 말이라는 것을. 내가 그때 차라리 불편하고 낯선 존재로 남았으면 서로에게 훨씬 더 좋은 영향을 끼쳤을 거라는 생각을 나중에야 했다.

그리고 이직한 곳은 매우 드물게도 성평등한 조직문화를 갖춘 곳이었다. 사실 나는 스스로를 남성화하는 것에 전혀 어려움을 느끼지 않았었다. 그게 힘들었던 것이 아니라 아무리 노력해도 종국에는 '결국 여자'로 인식되는 상황이 힘들었었다. 그런데, 이직한 곳에서는 내가 그냥 나여도 아무런 상관이 없었다. 환영 회식에서 술 마시냐며 주종을 선택하든 음료를 선택하든 하란다. 회식에서 술을 못 마신다고 할 수도 있다는 상상을 해본 적이 없었다. 맥주 한 잔에 얼굴이 빨개진 것을 본 동료가 '얘가 지금 뭐하나?' 하는 얼굴로 억지로 마실 필요 없다는데도 거짓말인 줄 알 정도였다. 겪어보니 이곳은 각자의 성별이 무엇이든 일체의 관심이 없는 곳이었다. 그때서야 나는 스스로를 남성화했던 과거의 선택이 사실은 버거운 일이었다는 것을 깨달았다. 나를 나대로 드러내는 것이 눈물겹게 편안한 일이라는 것을 실감하며, 비로소 내가 어떤 사람인지도 제대로 알 수 있었다.

그 후 다시 이직한 곳은 여성이 90%인 조직이었다. 얼마 후 새로 부임한 대표도 여성이었는데 초반부터 직원들에게 '일하는 사람처럼 입으라'는 주문을 했다. 짧은 치마와 치렁치렁한 긴 머리가 일하는 사람들로 보이지 않는다며 볼 때마다 못마땅해 했다. 90%가 남자였던 회사에서 요구받았던 것들과 완전히 일치했다. 새 대표가 오기 전까지 나는 누구의 머리가 길고 짧은지, 누가 치마를 즐겨 입고 바지를 즐겨 입는지 전혀 몰랐다. 아예 의식 자체가 안 됐었다. 그래도 일하는 데 아무 문제없었다.

대표는 자신이 정당하다는 신념하에 어디서든 대놓고 직원들 차림을 지적했다.

"치마가 너무 짧아, 보여야 할 거 안 보여야 할 거 다 보여!"
"머리가 덮어서 일이 돼? 묶던지 아니, 이참에 좀 잘라."
"그렇게 높은 구두 신고 발 안 아파?"

듣는 사람에 따라 민감한 정도는 차이가 있겠지만 옆에서 듣는 나는 엄청 화가 났었다. 방법이 무례한 건 오히려 사소했다. 기본적으로 타인, 그것도 성인의 차림에 대해 검열하거나 요구할 권리가 없고, 그 판단의 기준도 남성적 관점에서 유래했거나 지극히 임의적이라는 생각에 화가 났다. 예컨대, 치마 길이든 머리 길이든 얼마면 짧은 게 되고 얼마면 괜찮은 게 되는가 말이다.

그러던 어느 날, 얇은 민소매 블라우스를 입은 내게 대표는 "옷이 너무 야하다!"라고 했다. 나는 정색에 정색을 하고는 "지금 그거 성희롱입니다. 성희롱은 남녀 간에만 성립되는 거 아닙니다. 다시 옷차림 갖고 뭐라고 하시면 저도 필요한 조치를 취하겠습니다."라고 했다. 대표는 사과했다. 다행히 둘이 있을 때였기에 없었던 일처럼 넘어갈 수 있었다.

그런데, 왜 새로 온 대표의 눈에는 그런 것들이 띄었을까. 짧은 치마와 긴 머리는 일하는 사람의 것이 아니라는 생각의 시작점은 어디였을까. 아무리 생각해도 남성의 관점이 근원일 것 같다. 그것을 그대로 내면화한 것이라는 생각이다. 1980~1990년대에 직장생활을 한 사람이라면 내면화의 정도는 더욱 공고할 터다. 그들에게 2010년대 후배들의 모습은 낯설 수 있다. 하지만 낯선 것이 틀린 것은 아니다.

직장생활 20여 년을 돌아보면 세상은 (기대만큼은 아니라도) 꽤 많이 변했다. 변화는 늘 낯선 것에서 시작되었던 것 같다. 낯선 존재를 두려워 말자. 낯선 존재가 되는 것은 더더욱 두려워 말자. 그 사람 자체로 수용될 수 있어야 좋은 조직이다.

여자가 틀린 걸까,
남자가 틀린 걸까

여러 성이 고루 섞인 조직의 문화가 건강하다. 만약 그렇지
못한 곳에 몸담고 있다면, 끊임없는 각성과 자기 검열이 필요하다.

승진에 있어 성별에 따른 어드밴티지나 페널티가 존재한다고
생각하는가. 나는 명백히 그러하다고 보는데 '성인지(性認知)관점'이
좋다는 동료들은 물론이고 친한 친구를 설득하는 일에도 애를 먹
는 주제가 바로 이것이었다.

간부급에 대한 승진 발표가 났다. 또 전부 남자다. 지난 10
년간의 공람문서를 뒤져 간부급 승진자의 성비를 계산했
다. 남자 59명, 여자 4명. 특히, 여자들이 동기 남자들에 비
해 5~8년 늦게 승진한 것도 찾아냈다. 그런데도 친한 동료
들과 친구들은 '모수도 따져 봐야지. 승진 대상자가 남자가
훨씬 많았겠지', '여자들 중에 인물이 없긴 하잖아'라며 나

의 문제의식에 선뜻 동의하지 않았다. 나는 약간의 법석을 떨었다. 여론도 조성했고 인사부장을 찾아가 의논도 했다.

그래서 바뀌었냐고? 승진 심사시 여자가 3배수 안에만 들면 무조건 여자를 승진시키는 것으로 제도가 바뀌었다. 적극적 우대조치(AA; Affirmative Action)를 도입한 것이다. 딱히 나 때문이라기보다는 마침 사회적으로 AA 도입 분위기가 무르익던 때였기에 가능했다. 예컨대, 승진 TO가 1명이면 고과점수 1위부터 3위까지를 놓고 인사위원회에서 승진자를 결정한다. 최종 승진자는 고과점수 2등이나 3등에서 나올 수도 있는데, 그 3명 중에 여자가 있으면 무조건 여자를 승진시키겠다는 것이다.

그러나, 그 후 세 번의 간부급 승진인사를 하는 동안 3배수 안에 여자가 들어가는 일은 없었다. 제도가 바뀌는 것도 중요하지만 인식이 바뀌는 게 더 중요하다는 것을 실감했다. 친구들의 반응도 달라지지 않았다. '나더러 점수 매기라 해도 마찬가지일 것 같아. 그녀에게 높은 점수 못 줄 것 같은데?', '아니, 3배수 안에도 못 드는데 어떡해. 할 말 없지.'

나는 직장에서 남녀의 달리기 경주는 공정하지 않다고 본다. 남자가 직선 주로라면 여자는 장애물 주로를 달려야 하는 것이 현실이다. 앞서 확인한 편견은 신입으로 들어가 첫 직무를 배정받을 때부터 격차를 만들어낸다. 그렇게 벌어진 격차는 다음에 오는 기회도 차단하며 더 큰 격차를 만들곤 한다.

예컨대, 마케팅부 여자 신입에게는 제휴 문의를 하러 오는 업체 상담을 맡기고, 남자 신입에게는 대규모 제휴 협약을 담당하는 남자 선배 보조를 맡긴다. 2년쯤 지나면 남자 신입에게는 '그동안 선배 하는 거 봤지? 이 건은 네가 직접 해봐'라는 말과 함께 기회가 주어지는 것이다. 상담하던 사람이 갑자기 협약 제안서를 쓸 수는 없는 일이니까. 그렇게 10여 년이 지나 간부급 승진을 앞에 두면 그간 제공됐던 기회는 잊고, 애초 여자 신입의 역량이 그것밖에 안 되는 것으로 여기게 되는 것이다. 중간중간 맞닥뜨려야 하는 출산이나 육아와 관련된 핸디캡은 생략하겠다.

역량을 개발하는 가장 확실한 방법은 그 업무를 직접 해보는 것이다. 협약 제안서 쓰기 교육을 아무리 받은들, 책을 백 번을 읽은들 직접 맡아 써보고 미팅해보고 계약 성사시켜보는 한 번의 경험에 비할 수 있을까? 예전에 어려운 프로젝트를 맡아 할 때 팀장이 팀원들에게 이런 말을 했었다.

"프로젝트는 망해도 여기에 관여했던 우리는 남들 못 가진 경력을 갖게 되는 거야. 이거 끝나면 너희들 주가, 확 높아질 거야."

기회란 이런 의미를 갖는 것이다. 그런데, 모든 기회를 독점하고는 10년 후에 처음부터 남자가 더 일을 잘하더라고 주장하는 셈이니 나로서는 동의가 안 되는 것이다.

과정이야 어찌됐든 지금 승진 대상자 중에는 여자가 역량이 떨어지는 게 맞으니 남자를 승진시킬 수밖에 없지 않으냐고? 아니, 남자들에게는 불확실해도 덥석덥석 잘만 주던 기회를 왜 여자들에게는 10년이 지나도 한 번을 줄 수 없다는 것인가?

모두가 의도적으로 남자에게 더 많은 기회를 주는 거라고까지는 생각하지 않는다. 편견이 작용하는 것은 확실하지만 일부러 남자에게만 기회를 몰아주는 것 같지는 않다. 그런 사람도 있겠지만 안 그런 사람이 더 많다고 본다. 그런데, 의도하지 않는데도 남자에게 기회가 더 가는 이유는 무엇일까. 동성에 대한 익숙함 내지 친근함이라는 것이 나의 결론이다. 동성이기 때문에 이해할 수 있는 특성이 더 많고 그래서 더 편하게 느껴지고 업무 파트너로서의 부담도 덜하게 여겨지는 거라는 생각이다.

예컨대, 당직자로부터 주말에 비상 전화를 받았을 때 여자인 나는 남자 부하직원보다는 여자 부하직원을 호출하는 것이 더 편하다. 아마 내가 남자라면 반대였을 것 같다. 부득이 남자 부하직원에게 전화해야 했던 일이 있었다. 하필 아내가 받는다. 나는 주말에 전화해 죄송하다는 말과 함께 소속과 직급과 비상 상황이라는 불가피성을 장황하게 설명하고는 아무개 씨를 바꿔 달라고 했다. 전화 너머로 들리는 아내의 말은 간단했다.

"받아봐. 어떤 여잔데?"

항상 동성이 편한 것은 아니겠지만 반응에 대한 예측이 쉽고 그래서 보다 친숙하게 느껴지는 지점이 동성에게는 확실히 더 있는 것 같다. 오래 겪다보면 성별 구분 자체가 없어지기도 하지만, 순간순간 새로운 상황에서는 자신도 모르게 동성에게 손을 내미는 것이 반복되는 것을 본다.

언니의 따뜻한 말 한마디

어쨌거나 나는 3배수 안에 여성이 드는 것을 끝내 보지 못하고 이직을 했다. 이직한 곳은 200명 직원 중 여성 비율이 90%를 차지하는 조직이었다. 간부는 100% 여성이었다. 핵심 업무는 모두 여자들이 맡고 있었고 남자들은 주변 업무나 지원 업무를 맡고 있었다. 1년이 지나서 보니 얼마 되지도 않는 남자 직원들이 고과 점수 바닥을 깔고 있었다. 승진 대상자에 이름도 못 올리는 것은 물론이었다.

말만 앞세우고 뭐 하나 제대로 하는 게 없어 당최 일을 못 맡기겠다는 최악의 평을 듣는 남자 과장은 이전 직장에서의 관점으로 보면 멀쩡하기 이를 데 없어 보였다. 주말까지 나와 일하며 사소한 것 하나도 허투루 처리하는 법이 없어 대표의 총애를 받는 여자 실장은 이전 직장에서의 관점으로 보면 핵심 파악 못하고 비효율적으로 일하는 퇴출 대상 1호 간부에 해당했다. 이런 분위기에서는 자연스레 몇 안 되는 남자 직원들끼리 뭉쳐 다니게 되는데 그걸 보는 회사의 시선은 곱지 않았다. 당연히 남자 직원들의 퇴직률이 높을 수밖에 없었다. 남자가 90%였던 조직과 성별만 바뀌었지 모든 것이 너무나 비슷했다.

물론, 여성이 겪는 사회적 차별을 이곳 남자들의 처지에 빗댈 수는 없다. 성차별 문제는 훨씬 뿌리 깊고 광범위하게 영향을 미치고 있으며 복합적이고 심각하다. 하지만 이 사례를 통해서는 조직의 주류를 한쪽 성(性)이 독식하고 있을 때 나타나는 문제적 결과에 대해서만 이야기하고자 한다.

이전 직장 동료가 놀러 와서 최근 간부 승진도 전부 남자가 했다는 소식을 전하며 예의 그 논쟁을 다시 하게 됐다. 나는 '어느 조직이든 주류의 90%를 한 성이 차지하고 있으면 계속해서 차별적인 상황이 발생하게 돼 있다'고 주장하며 현재 직장의 상황을 설명했고, 그는 정말이냐고 놀라며 나머지 이야기를 궁금해 했다. 10년 동안 합의하지 못했던 주제를 두고, 우리의 대화는 한 단계 발전할 수 있었다. 대단한 결론은 없었다. 그러나, 어느 한 성이 절대 다수인 조직의 문화는 건강하기 어렵다는 것만은 확실하다는 데에 의견을 같이했다.

여러 성이 고루 섞인 조직의 문화가 건강하다. 만약 그렇지 못한 곳에 몸담고 있다면, 끊임없는 각성과 자기 검열이 필요하다. 내게 성별에 따른 편견이 있지는 않은지, 그저 나에게 친숙하다는 이유로 어느 한 성의 특징을 옳다고 평가하고 다른 한 성의 특징을 틀렸다고 보고 있지는 않은지, 또는 정말 그 특징이 성차에서 비롯된 것인지 개인의 퍼스널리티일 뿐인지, 그리고 어찌됐든 성별과 무관하게 공정한 기회가 제공되고 있는지, 어떻게 해야 성비 균형을 맞춰 건강한 조직문화를 만들 수 있을지. 생각해봄직한 주제는 무궁무진하다. 그러한 속에서 진화가 가능하더라는 것이 나의 결론이다.

언니의 따뜻한 말 한마디

당신도 성희롱 무식자?

성희롱을 당했다면 반드시 '직접' 사과를 요구하는 것이 좋다.
어이없을 정도로 떨리지만 꼭 요구했으면 좋겠다.

동기가 아프다고 하루 못 나왔다. 다음 날 나와서도 자리를 지
키지 않더니 나와 몇몇을 밖으로 불러내 그저께 회식 때 노래방에
서 아무개 부장이 등 뒤에서 블라우스 안으로 손을 집어넣었다는
이야기를 했다.

16년 전의 일이다. 성희롱이 법으로 금지된 지 딱 1년이 지났을
때였다. 우리는 여기저기 알아봤지만 구제받을 방법을 찾지 못했
다. 성희롱으로 인정되고 처벌되려면 '반복적이었는가, 싫다는 의
사표시를 했는가'가 중요한 판단 기준이라고 안내되어 있었다. 동
료의 경우처럼 피해를 입은 게 한 번뿐이고 아무런 의사표시도 못
하고 자리를 피했다면 성희롱으로 인정받기 어렵다는 결론이었다.
우리는 동기에게 '밀치기라도 하지 아무것도 못했냐'며 안타까워

했다. 우리 중 아무도 판단 기준 자체가 문제적이라고는 생각하지 못했다. 그렇다. 우리는 모두 성희롱 문제에 문외한이었다.

몇 년 후, 이직한 회사에서의 일이다. 자정 무렵 퇴근을 하는데 엘리베이터가 6층에서 멈추더니 술에 잔뜩 취한 동료 A가 비틀거리며 탄다. 회사를 옮긴다더니 내일 마지막 출근을 앞두고 회식을 한 모양이었다. A는 내게 사탕을 하나 주고는 까서 입에 넣어달란다. 받지 않고 직접 하시라 했더니 이번엔 어깨에 손을 올렸고 피하는 중에 엘리베이터가 로비에 도착했다. 주차장에는 동생이 데리러 와 있었는데 A는 차 앞까지 따라와서 천연덕스럽게 동생과 인사를 나누었고 그만두라는 내게 '어디 여자가 남자들 얘기하는데 끼어드냐'며 막무가내였다.

다음 날, 일이 손에 잡히지 않았다. 성희롱이 심각한 수준이 아니었고 어차피 오늘 지나면 안 볼 사람이니 잊어버리자 마음을 먹어도 뜻대로 안 됐다. 성폭력상담소에서 근무한 경험이 있는 친구에게 전화를 했다. 친구는 '상담소를 찾는 많은 사람들이 힘들어하는 것은 성폭력을 당했다는 사실보다 그때 아무것도 하지 못했다는 사실을 자책하고 힘들어한다'며 정말 아무렇지 않다면 잊고, 조금이라도 찜찜한 마음이 있다면 사과를 받으라고 말했다. 중요한 건 직접 사과를 요구하는 거라고 했다. 그래야 '내가 무언가를 했다'는 느낌을 가질 수 있기 때문이란다.

가만히 생각해보니 나는 많이 찜찜했다. 그래서 사과를 요구하기로 했다. 그런데, 너무나 두려웠다. 도저히 마주 보고 요구할 엄두가 안 나서 전화를 했다. 기억에 없다고 할 테니 상기시켜주겠다, 내게 어젯밤 이러저러한 행동을 했다, 사과하라고 했다. A는 놀란 건지 놀라는 체를 하는 건지 어쨌든 즉각 사과했다. 찾아와 사과하겠다는 건 마주 볼 생각 없다고 거절했다. 전화 통화를 하는 내내 목소리는 차분했어도 손은 주체가 안 될 정도로 덜덜 떨고 있었다. 잘못한 건 상대방인데 왜 내가 떨리는 건지. 이런 게 성희롱 피해자의 어려움이라는 걸 처음 알았다.

직접 겪고 보니, 제삼자 입장이라면 누가 내 편을 들겠나 싶었다. 상급자도 아니고, 내일이면 안 볼 사람에, 옆에 우군인 동생까지 있는데! 나는 현장에서는 별다른 대처를 못한 것이다. 만약 A가 사과하지 않아 문제를 공식적으로 제기해야 했다면 내가 주변의 이해를 구할 수 있었을까. 그때서야 '반복적이었는지, 거부 의사를 표시했는지'라는 기준에 문제가 있다는 데에 생각이 미쳤다. 한 번뿐이라도 불쾌했고, 빨리 이 자리를 빠져나가고 싶다는 생각 말고는 떠오르지 않았다. 거부의사를 표시해서 곧장 중단시킬 수 있다고 예측되면 혹시 모르되 반대로 더 질긴 실랑이를 벌여야 할지 모른다 싶으면 상황을 모면하는 것이 우선이 되기 때문이다.

'반복성'과 '거부 표시'라는 기준은 내가 문제를 깨닫기 이전에 이미 삭제됐던 걸로 기억한다. 이제는 한 번뿐이라도, 거부 의사를 표시하지 못했어도, 성적 굴욕감이나 혐오감을 느끼게 했다고 판단되는 경우 성희롱으로 인정한다. 그러나 내가 직접 성희롱을 당하지 않았다면 법조문과 별개로 '왜 싫다고 못하지?' 하는 의문을 지우지 못했을 것 같다(직접 경험을 통해서만 공감이 가능한 이 저급함을 극복하고 싶은데 참으로 어렵다).

> 또 몇 년 후, 사내 게시판에 익명으로 성희롱에 대한 사과문이 올라왔다. 합의된 글이 아니었는지 당사자와 주변인들의 공방이 며칠째 이어졌다. 이런저런 이야기가 돌던 중에 동료 한 명이 의문을 갖는다.
> "당사자 간의 해결은 해결이고, 회사는 둘이 알아서 하라고 두면 되는 건가? 만약 누가 익명으로 업체에서 뇌물을 받았는데 후회하며 업체에 사과했고 다시는 안 그러겠다고 글을 올리면 회사는 직원이랑 업체랑 합의했으니 끝이라고 할까? 그래도 되나?"

생각해본 적이 없었다. 듣고 보니 우리는 직원 간 성희롱을 사적인 문제로 또는, 뇌물수수나 횡령 등에 비해 가벼운 문제로 보고 있구나 싶었다. 얼결이긴 하지만 회사가 인지한 이상 직원의 비위 사실을 다루는 절차를 밟아야 한다고 결론을 내렸다. 감사

과정에서 당사자 간에 합의가 이루어져 별도 조치가 필요하지 않다고 결론을 내릴지언정 회사는 회사 차원의 절차를 밟아 사안을 정리해야 한다고 건의했다.

나는 공감 능력이 좋은 편이고, 의견을 내는 것을 두려워하지 않고, 더러 싸울 일이 있어도 피하지 않는 사람이라고 스스로 생각해왔다. 16년 전 동기의 성희롱 피해 사실을 들었을 때도 공감을 못 했거나 싸우게 될지 모를 상황이 두려웠던 건 아니었다. 다만, 무식했을 뿐이었다. 직접 피해를 입은 후 이제 무식자에서 벗어났나 싶었는데 여전히 직장 내 성희롱을 개인 간의 문제로 치부하고 있는 나의 무식함을 마주해야 했다. 뭐가 더 남았을지 모르겠다.

성희롱은 그 자리에서 대처하기 어려운 문제다. 모임에서 외모나 가방끈에 대한 농담이 나를 향했을 때 그 자리에서 받아치기 어려운 것과 같다. 하물며 성희롱이야. 당황스럽고, 머뭇거리는 동안 피해가 커질까 싶어 빠져나가기 급하게 된다. 그러니 '왜 가만있었냐'는 추궁은 의미가 없다.

또한, 성희롱을 당했다면 반드시 '직접' 사과를 요구하는 것이 좋다. 어이없을 정도로 떨리지만 꼭 요구했으면 좋겠다. 모든 찜찜함이 날아가더라는 경험 때문이다. 그때 그냥 넘겼다면 아마 나는 그 일을 다시 떠올리지 않으려 애쓰는데 꽤 오랜 시간 에너지를 쏟고 있었을 것 같다. 직접 사과를 요구한 것이 나를 조금이라도 어렵게 생각하도록 만들었을 것 같다는 위안, 그러니 나중에도 좀 더 조심할 거란 생각에 마음이 편했다. 무엇보다, '내가 해냈다'는 생각은 다시 이런 일을 겪어도 잘 대처할 수 있을 거라는 용기를 주었다.

회사에서 일어나는 성희롱은 당사자끼리 해결하고 끝낼 문제가 아니다. 횡령이나 뇌물수수처럼 개인의 일탈에서 시작된 비위라 해도 상급자의 관리감독이 부실하지 않았는지 개인에게 권한이 너무 집중되어 있지 않은지 채용 과정에서 거를 수 있는 방법은 없는지 다각도로 점검하듯 성희롱 문제 해결도 마찬가지로 접근해야 한다. 이것은 학교 등 어떤 조직이라도 마찬가지일 것이다.

요즘도 성희롱은 심심치 않게 일어나지만, 성희롱 문제에 대한 이해도는 여전히 낮은 것 같다. 내가 긴 시간 여러 경험을 통해 겨우 깨달은 것들을 적어봤다. 직접이든 간접이든 성희롱 피해에 맞닥뜨렸을 때 이 글이 도움이 되면 좋겠다.

언니의 따뜻한 말 한마디

간식 먹읍시다?
나는 먹고 싶지 않다고!

이제 '미스 홍'이라는 호칭은 차별적이라기보다는 촌스럽게
느껴진다. 조한혜정 교수의 "공략하기보다 낙후시키라."는 말의
의미를 보여주는 사례겠다.

대규모 조직 개편을 하면서 본부 하나가 신설됐다. 본부원
전체가 상견례와 교육을 겸해 3박 4일 워크숍을 떠났다. 워
크숍에는 '평화적 갈등 해결'이라는 프로그램이 있었는데,
강사는 약간의 요령을 가르쳐주고는 바로 실습을 시켰다.
나와 짝이 된 A는 남편이 가사와 육아를 분담하지 않는 갈
등 상황을 얘기했다.

"남편은 가사나 육아 분담을 전혀 안 해요. 이번에 여기 오
는데도 얼마나 힘들었는데요. 시댁이 근처인데 시부모님도
아이 맡아주는 거에 흔쾌하지 않으세요. 그냥 워크숍 빠지
면 안 되냐고 하시죠. 일주일 전부터 매일 시댁에 들러 냉
장고 채워 넣고 선물 사드리고 겨우겨우 맡겼어요. 워크숍

와서도 저녁에 전화 드리면 계속 싫은 소리 하세요. 힘들
다, 하루 먼저 오면 안 되냐……. 남편은 자기 일이 전혀 아
니라고 생각해요."

사실, 나는 아주 행복한 직장 여성에 속했다. 친정 부모님과 함
께 살며 가사와 육아 부담 하나 없이 지냈으니 말이다. 그래서 가
사와 육아를 병행하는 직장 여성의 고충에 무지했다.

내가 남편이 분담을 하게 만들어야 한다고 말하려는 찰나, A의
말이 이어졌다.

"전에는 동료들에게 이런 얘기 많이 했는데, 그런 남자하고 왜
사냐거나 싸우라는 말만 돌아오니까 이제는 말도 못 하고 혼자 감
당해요."

하려던 말이 쏙 들어갔다.

A의 상황이 다소 극단적이기는 하지만, 3박 4일 일정이 아이가
있는 여성들에게는 만만한 게 아니겠구나 하는 것을 A의 말을 들
으며 처음 느꼈다. 내 일 아니라고, 생각해본 적도 없었던 것이다.
그리고 몇 개월 후 내부 직원을 대상으로 〈직장 내 양성평등에 관
한 설문조사〉를 해야 할 일이 생겼다. 설문은 남녀를 구분해 다르
게 설계했는데 양성평등 문제에 대한 남녀의 인식차를 같이 보겠
다는 취지였다.

설문 중에 성차별적으로 느껴지는 문화, 상황에 대한 질문이 있
었다. 오랜 시간이 지났지만 아직도 기억나는 답변은 다음과 같다.

- · 1박 행사
- · 남편은 무슨 일 하냐는 질문
- · '간식 먹읍시다!' 외치는 소리
- · 일방적으로 정해지는 점심 메뉴 순대국밥

내가 무감했던 것들이라 기억에 남는 것 같다.

생각해보니, 남편 뭐 하냐는 질문은 성차별을 떠나 무례하게 받아들여질 수 있는 질문이었다. 아마 그 질문을 하기 전에 '결혼했냐'는 질문부터 했을 터다. 안 했다고 하면 또 어떤 질문이 이어질지 알 만하다. 간식 먹자는 소리도 자주 들어왔다. 간식 준비를 사다리타기로 정하는 팀도 있지만 하위직 여직원들이 움직이는 팀이 훨씬 많았으니 나온 답변이겠다. 설문지에는 '나는 안 먹고 싶다고!'라고 적혀 있기도 했다. 순대국밥은 남자 일곱에 여자한 명인 팀에서 나왔을 것으로 짐작됐다. 웃음이 나면서도 답변한 줄에 나름의 애환이 느껴졌다.

오래된 일이라 자세한 내용까지는 기억할 수 없지만 여성의 경우 남성에 비해 훨씬 일상적인 영역에서 차별을 느끼고 있음을 알수 있었던 조사였다. 우리 팀은 분석 내용과 시사점들을 정리해 내부 게시판에 올렸다. 공감도 있었지만 '별 걸 다 갖고 난리'라는 분위기도 있었다.

늘 그랬던 것 같다. 20여 년의 직장 경험을 돌아보면, 여성이 제기하는 문제는 늘 사소한 것, 부차적인 것, 별 것 아닌 것으로 치부됐었다(하기야, 여성뿐이겠는가. 역사적으로 모든 사회적 약자들의 목소리가 처음에는 그렇게 치부되었다). 하지만 얼마 지나고 나면 달라져 있음을 확인하게 되곤 했다. 왜 똑같이 대학 졸업한 신입사원인데 남자는 홍길동 '씨'고 여자는 '미스' 홍인지, 왜 남자에게는 제대로 된 업무를 주고 여자는 커피와 복사를 맡아야 하는지, 왜 여자는 결혼하면 당연히 그만둬야 하는지, 왜 여자는 대리 승진을 안 시켜주는지 하는 것들이 내가 직장생활을 한 지난 20여 년간 다툼의 대상이 되었던 것들이다. 모두 사소하기 이를 데 없는 문제제기로 여겨졌지만 지금은 조금이나마 달라지지 않았는가.

이제 '미스 홍'이라는 호칭은 차별적이라기보다는 촌스럽게 느껴진다. 조한혜정 교수의 "공략하기보다 낙후시키라."는 말의 의미를 보여주는 사례겠다. 조효제 교수는 저서 『인권의 문법』(후마니타스, 2007)에서 인권 신장을 위한 모든 영역에서 여성인권 분야를 벤치마킹해야 한다고 적고 있다. "가장 짧은 시간 내에 가장 주목할 성과를 낸 분야"라는 설명이다. 나의 경험도 그렇게 이야기하고 있다. 여전한 차별을 마주하며 조급한 마음이 들 때마다 떠올리며 가라앉혀본다.

그들만의 리그

깨달았다. 그들만의 리그가 있다는 것을. 이성을 통해 자신의 존재
이유를 확인하는 것이 중요한 사람들이 있고, 그들끼리 감정을
주고받는 것으로 삶을 지탱하는 것이라고.

드라마 「태양의 후예」에서 스피커를 통해 '송송 커플'의 연애사
를 알게 된 하자애 간호사는 후배에게 진지하게 묻는다.

"근데, 사람들은 정말 일하는 틈틈이 키스도 하고 연애도 하고,
막 그래?"

전업주부인 친구들에게도 비슷하게 듣는 질문이다. 이른바 '불
륜'을 걱정하는 마음도 들어 있다.

동료와 함께 6개월간 외국 연수를 갔다. 알차게 보내겠다
고 영어 수업을 받기로 했다. 선생님이 집으로 방문해 가르
쳐주는 다소 비싼 강의를 신청했는데, 세상에! 완전 꽃미남
청년이 들어선다. 안 그래도 호감인데 한국에 대한 이해가

깊어서 대화의 주제도 다양했고, 진심으로 우리의 생각을 궁금해 하며 예쁜 눈을 크게 뜨고 답을 기다리니 안 풀리는 영어라도 끝까지 시도하게 됐다.

나의 영어 실력은 일취월장했고 수업을 준비하는 시간은 점점 길어졌다. 선생님이 오기 2시간 전부터 수업시간에 할 이야기와 질문을 준비했다. 동료는 뭘 하는지 자기 방에서 꼼짝을 않는다. 드디어 벨이 울리고 선생님이 들어서자 동료가 방에서 나오는데, 늦겨울에 뜬금없이 목선이 깊게 파인 민소매 블라우스에 핫팬츠를 입고 있다. 공들여 드라이한 머리도 눈에 띤다. 그 동료와 6개월을 지내면서 했던 생각이 있다. '이 친구는 직장에서 한 번이라도 여자 말고 동료이고 싶었던 적이 있었을까?'

내 경험에 따르면, 나이나 결혼 여부와 상관없이 상대에게 여자이고 싶고 남자이고 싶은 사람들이 늘 있기는 했다. 이런 부류의 사람들은 비록 이곳이 직장이기는 하지만 스스로의 정체성을 동료보다는 여자, 또는 남자로 놓고 관계를 풀어나갔다.

서른 중반의 기혼남 A는 뉴 페이스가 등장하면 꼭 둘만의 저녁식사를 청했다. 술이 좀 들어가면 가정생활이 순탄치 않다는 이야기를 하며 어긋난 첫사랑 이야기를 나직이 읊조리곤 했다. 수려한 외모는 그를 슬픈 사연이 있는 남자로 보이게 하는데 일조했다. 다니는 내내 몇몇과 크고 작은 스캔들을 일으켰다.

서른 초반의 비혼남 B는 '어장관리'하느라 하루가 짧았다. 한 여직원과 차를 마시면서 동시에 다른 여직원과 모바일 채팅을 하고 저녁 약속을 잡는 식이었다. 그중에 자신에게 관심이 있다고 생각되는 상대에게는 옆에서 봐도 놀라울 정도로 자상하고 상냥했다. 결혼을 한 후에도 달라지지 않았다. 오히려 결혼 후에도 자신의 매력이 통하는지 확인하고 싶어 더 심했던 것 같다. B 역시 잊을 만하면 화제의 주인공으로 등장하곤 했다.

팀장이었던 C는 자신의 권한으로 특정 여직원의 편의를 봐주곤 했고 그게 통해서 대놓고 썸을 타는 경우도 꽤 됐다. 무심코 "생과일주스 먹고 싶다." 하는 혼잣말에 C가 나서서 "간식으로 생과일주스 한 잔씩들 합시다." 하며 서무를 부르는 식이다.

명랑한 성격의 여직원 D는 스스럼없는 스킨십이 특기였다. 얼핏 보면 어찌나 자연스러운지 뭐라고 한마디 했다가는 '별 것도 아닌데 네가 더 음흉하다'고 나올 판이었다. 남직원들에게 반갑다며 손을 덥석 잡아 깍지를 끼고는 복도에서 엘리베이터까지 이런저런 이야기를 하며 걷는다거나, 회식 자리에서 먼저 간다며 헤드록을 건 채 인사를 한다거나, 굳이 나란히 앉아 업무 미팅을 하며 어깨와 종아리를 밀착한다거나, 갑자기 뒤에서 어깨를 짚고는 귀에 바짝 대고 뭔가를 묻는다거나 하는 식인데 볼 때마다 깜짝깜짝 놀라곤 했다. D 주변에는 남자가 많았다.

E는 술이 들어가면 애교가 넘쳐났다. 동료든 상급자든 할 것 없이 남자로 만들어주었다. 1차를 마치고 간 사람이나 다른 팀 친한 사람에게 전화해 데리러 와라, 나 혼자 집에 어떻게 가냐, 무슨 이유가 필요하냐 그냥 나 보러 오면 되지 않냐 하는데 결국 누군가 한 명은 꼭 오곤 했다. E의 남편이 회사로 찾아와 소란을 피우고 나서도 E는 달라지지 않았다.

듣고 보니 내 연인, 내 남편, 내 아내가 걱정되는가. 그럴 필요는 없는 것 같다. 위와 같은 사람들이 어디나 반드시 존재하기는 하지만 극소수다. 그리고, 정말이지 100% 자기들끼리 논다. 슬픈 사연을 간직한 것처럼 보이는 A를 위로하고 다가가는 건 언제나 D나 E 같은 타입의 여자들뿐이다. 대부분은 '이런 얘기를 왜 나한테 하지? 어쩌라고?' 하고 더 이상 관계를 이어가지 않는다. 대화에 집중 못하는 B와의 만남은 시간낭비로 인식하고, C와 같은 상급자의 호의는 호의로만 받고 더 나가면 부담스러워 선을 긋는다. D의 스킨십은 대부분의 남자들에게서는 거절당하며, E의 애교도 A, B, C 타이프의 남자들이나 반응을 보이지, 나머지에게는 어림도 없다. 그래서 그 무리에서 서로 파트너를 바꿔가며 사귀는 일이 흔했다.

처음에는 너무나 못마땅했다. 왜 공적인 공간에서 저럴까, 일할 생각은 안 하고 뭐하는 짓일까, 나무라지는 못할망정 좋다고 반응하는 사람들은 또 뭔가 하면서 혼자 감정이 널을 뛰곤 했다. 그러다 깨달았다. 그들만의 리그가 있다는 것을. 이성을 통해 자신의 존재 이유를 확인하는 것이 중요한 사람들이 있고, 그들끼리 감정을 주고받는 것으로 삶을 지탱하는 것이라고. 그래서 직장 연애사를 궁금해 하는 사람들에게 이렇게 답한다. 그들만의 리그가 있다고. 그 리그 멤버가 아니라면 아무 일도 일어나지 않는다고.

허·장·성·세

정보 말고 생각을 듣고 싶다.
생각을 나누기 위해 정보를 활용할 수는 있지만,
생각은 없고 정보만 나누는 대화는 얼마나 지루한지 모른다.

친구들과 여행을 했다. 마침 아이들도 또래라 자기들끼리
어울리며 엄마들을 편하게 해주었다. 여섯 살짜리 남자애
둘과 다섯 살짜리 여자애 하나가 모여 앉았는데, 여자애가
"오빠들 숫자 몇 까지 쓸 수 있어? 나는 10까지 쓸 수 있
어." 한다. 남자애들은 "나는 100까지 쓰지." 했고, 여자애
는 경이로운 눈으로 "정말?" 하더니 종이를 가져와서 써달
라고 한다. 남자애들은 진지하게 숫자를 적기 시작한다. 그
때 남자애들의 엄마 둘이 경악스러운 표정으로 내게 속삭
인다.
"어머나, 쟤네 10까지 밖에 못 써. 근데 여동생 앞이라고
100까지 안다고 하고, 그걸 또 천연덕스럽게 쓰고 앉아 있

언니의 따뜻한 말 한마디

는 거 봐! 남자들 허세는 나이 구분도 없는 거야?"

남자들이 여자에게 무턱대고 자신이 더 해박할 것으로 생각하고 가르치듯 설명하는 것을 의미하는 '맨스플레인(mansplain)'이라는 신조어도 있듯, 내 경험 안에서도 남자는 여자에 비해 자신의 지적 역량을 과시하려는 경향이 강한 것 같다.

사무실에도 맨스플레이너(mansplainer)들이 있다. 이들은 모두가 알고 있거나 아무도 궁금해 하지 않는 이야기를 아무 맥락 없이 나서서 설명해주고는 한다. 어쩌다 누군가 어떻게 그런 것까지 아느냐고 감탄하면 "커먼 센스!"라며 호감과는 담을 쌓아가는 동료도 있었다. 본인은 그러한 행동이 자신을 매력적으로 보이게 만들 거라 믿으니 하는 행동이겠지만, 내 기준과 경험치 안에서는 전혀 아니다.

맨스플레이너 중 여자들에게 호감을 얻는 사람은 없었다. 나의 편견일지 모르나 이들은 남자들 사이에서도 별반 환영받지 못했다. 맨스플레인은 상호 교감을 위한 활동이 아니라 자신의 목적에만 충실한 일방적인 활동이기 때문일 것이다.

모 영화감독은 시나리오를 완성하면 여자들에게만 보여준다고 한다. 여자들은 "이 장면이 슬펐어요.", "그 배경 때문에 인물의 감정이 더 와 닿았어요." 하는 식의 의견을 주는 반면, 남자들은 "이 장면은 히치콕 감독에 대한 오마주네요.", "그 장면은 「벤허」 전투 장면을 변주한 것이군요." 하는 식으로 자신이 얼마나 많이 알고 있는지를 이야기하는 것에 열중하기 때문이란다. 모든 남자가 그렇지는 않겠지만 경향성은 있는 모양이다.

맨스플레이너가 환영받지 못하는 또 다른 이유는 분위기를 지루하게 만들기 때문일 것 같다. 이들이 이야기하는 것은 정보인데, '정보의 홍수 시대'라는 말도 식상할 정도로 정보가 넘쳐나는 시대 아닌가. 정보 말고 생각을 듣고 싶다. 생각을 나누기 위해 정보를 활용할 수는 있지만, 생각은 없고 정보만 나누는 대화는 얼마나 지루한지 모른다.

사회적 이슈를 두고 대화중인데 앞뒤 맥락 없이 "『정의란 무엇인가』 한번 읽어보세요", "『총, 균, 쇠』 한번 읽어보세요. 그러면 지금의 의문이 가실 거예요." 하면 맥이 풀린다. 그 책의 어떤 부분이 지금 대화 주제와 어떻게 연결되고 어떤 시사점이 있다고 보는지 묻는 것은 의미가 없다. 어차피 본인도 제대로 안 읽었을 것이기 때문이다. 한창이던 대화는 어리둥절한 분위기가 되며 중단되고 만다.

2012년 겨울, 당시 회식 자리에서의 화제는 온통 대통령 선거였다. 그때, 남자 동료가 "안철수를 보면 사마중달의 기다림의 전략이 떠오른다."고 말한다. 신선한 접근이라 흥미가 생겼다.

"사마중달이 기다림의 전략가로도 알려져 있어요? 보통은 제갈량의 특출함을 극대화하는 희생양으로 그려지잖아요.

언니의 따뜻한 말 한마디

그런데, 기다림의 전략가로 조명하기도 한단 말이죠? 어떤 면에서 그렇대요?"

그는 나의 질문에 아무 대답도 하지 못했다. 그가 예상한 질문은 '사마중달이 누군데요?'였던 것이다.

"사마중달이 결국 위, 촉, 오를 통일하잖아요. 그 과정에서 기다림의 전략이 있었다는 말이죠?"

"네. 진나라. 본인이 황제에 오른 건 아니고……."

"아들들이 올랐죠. 『삼국지』 마지막 장 덮으면서 진나라에 대해서도 궁금했었거든요. 아무튼, 사마중달이 왜 기다림의 전략가죠?"

이렇게 대화를 이어가다 깨달았다. 이 사람은 사마중달을 매개로 '삼국지 맨스플레인'을 하려 했을 뿐이라는 것을. 하필 『삼국지』를 재미있게 읽은 나를 만나 생각지 못한 상황 전개가 이어진 것이다. 그렇게 회식 자리는 흐지부지 마무리됐다.

그럼에도 불구하고 허세도 가끔은 필요하지 않을까 했던 일이 있었다.

동료 한 명은 자료 검색을 위해 영문 사이트를 자주 들여다봤다. 우리가 영어 잘하시나 보다고 하면 이 정도를 갖고 뭘 놀라느냐며 여유를 부렸다. 자연스럽게 영어를 사용해야 하는 업무는 그에게 돌아갔고, 아무래도 희귀하거나 선진적인 자료를 다룰 거라는 후광효과까지 더해져 중요도가 높은 업무도 그에게 배정되었다. 결과가 신통치 않아 몇 개월 만에 조정되기는 했지만 어쨌거나 많은 기회가 초반에 그에게 집중되었다.

그리고 얼마 후 승진 대상자나 해외 연수 희망자들에게 요구되는 영어능력시험 점수를 제출해야 하는 때가 왔다. 우연히 그의 점수를 보게 됐는데 나보다 한참 낮은 점수였다. 나는 그동안 "저 영어 못해요."를 입에 달고 지냈었다. 그의 점수를 보면서, 되도 않는 허세를 부릴 필요는 없지만 어차피 실력이라는 것은 상대적이니 무작정 못한다고 할 일도 아니라는 생각을 하게 되었다. 처음부터 실력을 갖추고 있어야 하는 것이 아니라, 기회를 통해 실력이 쌓일 수도 있는 문제이니 말이다.

맨스플레인을 포함해 남자들의 허세를 대하며, 저기에 자기 생각을 더하면 반응이 좀 더 낫지 않을까 하는 생각을 했다. 또 하나, 과도한 겸손함보다 약간의 허세가 나을 수도 있지 않을까 하는 생각도.

오늘도 옆자리 맨스플레이너는 이제 막 출근해 책상에 앉는 신입에게 묻는다.

"아무개 씨, 와인의 어원이 뭔지 알아? 라틴어야, 라틴어. 어쩌고저쩌고……."

동료들의 메신저가 바빠진다.

'어휴. 또 시작이야. 인터넷 검색을 막아놓든지 해야지, 원…….'

저 인간이 팀장이고
저 인간이 부장이다!

육심이든 욕구든 승진을 꿈꿨으면 좋겠다.
승진의 기준이 어이가 없겠지만 버티다보면 결국 기회는 온다.
직급이 높을수록 바꿀 수 있는 게 많다.

인터넷에 떠도는 '우리 회사 7대 불가사의' 중 두 가지다.

"저 인간이 팀장이고 / 저 인간이 부장이다."

『사축일기』(꿈지락, 2015)라는 책에 소개된 내용이라는데 엄청난 공
감을 얻었다고 한다. 사실, 팀장으로 있어도 마찬가지다. '저 인간
이 본부장이고 저 인간이 대표라니!' 하는 생각을 한다. 그러한 비
판의식을 갖고 승진한 사람들이 많아진 후에는 뭔가 달라졌어야
할 것 같은데 내가 직장생활을 한 20여 년간 상급자에 대한 생각
은 늘 비슷하다.

나는 신참일 때부터 꾸준히 승진을 원했었다. 그런데, 나의 이러

한 욕구는 여성 동료들 사이에서 다소 튀는 편에 속했다. 여성 동료라고 해봐야 많지도 않았지만, 어쨌든 이들은 기본적으로 승진 욕구 자체를 부정적으로 봤다. 거의 대부분은 승진하고 싶지 않고, 내 일만 하는 게 좋다는 입장이었다. 승진을 꿈꾸는 것을 일은 안하고 쓸데없는 욕심 부리며 한눈파는 걸로 생각했다. 이유를 들여다보면 아마도 사내 정치싸움이나 아부와 같은 처세술이 승진을 좌우한다고 보는 때문일 것 같고, 그 룰은 따르고 싶지 않다는 생각이 큰 것 같았다.

나는 막연하지만 내 식대로 하고 싶은 것들이 많았고 그러자면 승진을 해야 한다는 생각을 했었다. "너의 의견은 적극적으로 개진하되 최종 판단은 팀장의 몫이며 따라야 하는 것이 회사의 의사결정 시스템"이라는 말을 들어왔던 터라, 팀장이 돼야만 내 식대로 할 수 있겠다는 생각을 했던 것 같다.

그런데, 현재의 룰대로라면 승진은 언감생심이다. 대리 2년차일 때 받아든 고과표에는 "여자는 남자보다 세 배의 일을 해야 동등한 경쟁력을 갖췄다고 볼 수 있다."는 말이 떡하니 쓰여 있었다. 당시 고과표는 수기였는데, 대문짝만했던 글씨 크기며 한 치의 의심도 없어 보이는 꾹꾹 눌러쓴 글씨체가 아직도 기억이 생생하다.

룰을 바꾸고 싶어도 승진을 해야 가능하겠다는 생각을 했더랬다. 그러나, 과장 승진 연차에 접어들었을 때 나는 해고를 당했다. 이런 말과 함께.

"안됐지만 여자한테 줄 과장 자리는 없어. 우리 회사 문화가 이 정도밖에 안 되는 것을 미안하게 생각해."

얼마의 시간이 흐른 후 이직한 직장에서 만난 여성 팀장은 묻지도 따지지도 않고 내게 여러 역할을 주었다. 남성이 90%였던 전 직장에서는 수많은 것을 증명해야 얻을 수 있었던 역할이 그냥 주어졌다. 그곳의 직장 문화가 그랬던 것이 아니라 이 팀장이 개인적으로 작정한 일이었다.

예컨대, 팀마다 총괄 과장이 있었는데, 회의를 가보면 여자는 나 하나였다. 몇 년이 지난 후 팀장이 여성 후배들에게 기회를 주고자 했었다는 걸 알게 됐다. 역시, 업무는 글로 배우는 것보다 직접 맡아 하면서 배우는 게 훨씬 낫다는 것을 새삼 느낄 수 있었다. 그리고, 승진을 하게 되면 내 식대로 하고 싶었던 것들의 목록에 하나를 추가했다.

나도 여성 후배들에게 많은 기회를 주리라.

저 인간이 팀장이고 저 인간이 부장이란 말이다. 내가 못할 이유가 무엇인가. 욕심이든 욕구든 승진을 꿈꿨으면 좋겠다. 승진의 기준이 어이가 없겠지만 버티다보면 결국 기회는 온다. 직급이 높을수록 바꿀 수 있는 게 많다. 꼭 승진해서 내가 하고 싶었던 것들, 바꾸고 싶었던 것들을 실현해냈으면 좋겠다.

바보야, 문제는 성별이 아니라고!

성별이 문제가 아니라 조건이 문제인 것이다.
주어진 조건을 그대로 받아들일 것인지 따져봐야 한다.

회사의 대외협력 업무를 총괄하는 선배를 만났다. 업무 특
성상 야근은 필수였고 철야나 주말 근무도 하루 건너 하루
였다. 이처럼 업무 강도가 세고 중요도도 높다보니 대외협
력 업무를 얼마간 하고 나면 승진이 기다리고 있었다. 아예
승진 대상자들에게 대외협력 업무를 맡기는 관행도 자리
잡았다. 그래서 여성의 승진은 눈을 씻고 찾아도 없었다. 왜
냐하면 대외협력 업무를 담당하는 직원들은 대부분 남자였
기 때문이다. 선배는 업무 특성상 여자들은 하기 힘들고 남
자들에게 적합한 일이라고 단호하게 말했다.

남자들에게 적합한 일이라……. 그런데, 생각해보자. 원래 남자

들의 영역이었던 곳을 여자들에게 흔쾌히 허락했던 전례가 있었는지 말이다. 나는 1994년 모 회사의 홍보팀에서 직장생활을 시작했다. 동종업계 홍보팀끼리 정보교환과 인맥관리를 겸해서 정기적으로 모임을 가졌는데, 내가 다니던 곳만 여자가 둘 있었고 전부 남자였다. 홍보팀이 상대해야 하는 기자가 전부 남자였고, 새벽까지 이어지는 술자리를 커버하고 다음 날 함께 사우나를 하는 것이 업무 중 하나였기 때문에 홍보는 여자가 하기에 적합한 업무가 아니라는 것이 당시의 정설이었다. 그뿐 아니다. 7시에 출근해 9시에 맞춰 보고할 신문 스크랩을 준비해야 했고 오후에는 가판에 깔리는 신문 스크랩을 하고 회사에 비판적인 기사가 있으면 밤새 언론사 윤전기 앞에 드러누워서라도 수정되어 본판에 실리도록 해야 하는 일이 홍보 업무이다 보니 여자가 하기 어렵다고 했었다.

그런데 지금은 어떤가. 모르긴 해도 홍보 인력의 최소 절반은 여자일 것이다. 어쩌다 홍보 업무가 여자들에게 적합한 업무가 된 것일까. 여자들이 기존 방식에 맞춰서 악착같이 일을 해냈기 때문일까? 아니다. 조건이 바뀌고 룰이 바뀌면서 그리된 것이다. 우선 여기자들이 늘었다.

그새 잊었을까봐 환기한다. 기자 역시 여자들에게 적합한 직종은 전혀 아니었다. 당연하지 않은가! 원래 남자들의 영역이었던 곳을 선선히 내주지 않는다니까! 선후관계는 모르겠으나 여자 홍보 담당자들도 늘었다. 그리고 이들은 늦은 술자리나 사우나, 기사를 놓고 하는 거래가 아닌 다른 방식으로 일을 했고 시간이 흐르니 아예 홍보 환경 자체가 변화한 것이다. 어느 것이 더 좋은지 가치 판단을 하자는 것이 아니다. 나는 그저 지금의 조건은 영원불변이 아니라는 이야기를 하는 것이다.

홍보 업무를 하던 초창기에는 폭탄주를 기본으로 한 새벽 술자리가 많았었다. 몇 년 지나자 점심 접대가 늘었다. 더 나중에는 '나는 나 좋은 사람들과 밥 먹고 술 마실 테니 홍보 담당자는 기삿거리를 달라'는 기자들이 늘었다. 그렇게 한두 군데서 단독 기사가 나가거나 기획 보도가 이어지면 다른 매체 기자들도 술 접대 대신 기삿거리를 주문한다. 기자가 홍보 담당자와 친해서 뭐하겠나. 기사를 써야 할 것 아닌가. 점차 나의 업무는 자료를 조사해 기사를 쓸 수 있도록 가공하고 그 와중에 우리 회사를 홍보할 수 있도록 기획하는 것이 업무의 큰 비중을 차지하게 되었다.

다시 돌아와, 선배는 지금과 같은 대외협력 업무 방식은 불변이라고 전제하고 있다. 하지만, 세상에 변하지 않는 것이 어디 있을까. 대외협력 업무도 어떻게 달라질지 알 수 없다. 꼭 성별의 문제만이 아니다. 철야와 주말 근무가 상시인 업무 방식이 바람직한지도 생각해봐야 한다. 관행이 아니라 정말로 업무 특성이 그러하다면 고용을 늘여 2교대나 3교대 근무로 바꾼다든가 하는 근본적, 구조적인 해결 방안을 고민해야 하는 거 아닐까. 오너라면 모를까 노동자라면 그렇게 주장해야 마땅하다. 현실적으로 불가능하다 해도 말이다.

성별 적합성이 명확하게 갈리는 업무를 나는 아직 경험하지 못했다. 성별 적합성이 있다고 생각되다가도 뜯어보면 선입견이나 편견의 작용이 더 크다는 걸 인정해야 했다. 보다 근본적인 문제는 현재를 최선 또는 불변으로 놓는 우리의 우매함이다. 낮에는 기자실에서 기자들과 바둑을 두고 밤에는 술을 마시고 새벽에는 사우나를 같이 했다는, 지금 들으면 거짓말 같은 이 이야기는 20여 년 전 홍보 담당자들에게는 열심히 해 내야 할 업무였다. 그래서 홍보가 남자에게 적합한 업무라면 지금 홍보 영역에 여자들이 많아진 것을 설명할 수가 없다.

결국, 성별이 문제가 아니라 조건이 문제인 것이다. 주어진 조건을 그대로 받아들일 것인지 따져봐야 한다. 불합리하다면, 바꿔내지는 못하더라도 비판은 할 수 있어야 한다. 조건이 문제인데 엉뚱하게 성별 적합성 논쟁을 하고 있으면 너무 한심하지 않은가.

여자 상사 대하기 vs
남자 부하직원 대하기

'남자처럼 하라'는 취지의 조언이 많다.
그러나, 남자처럼 해서는 안 된다. 어차피 남자가 아니기 때문이다.

직장생활을 주제로 토크 콘서트를 준비하며 사람들의 관심사를 찾다보니 심심치 않게 보이는 키워드가 '여자 상사', '남자 부하직원'이다. 여자 상사나 남자 부하직원 등 이성 동료를 대할 때의 어려움을 호소하는 질문과 답변이 꽤 많이 올라와 있다. 나 역시 비슷한 고민을 했던 적이 있다. 그런데, 시간이 흐르고 경험이 쌓일수록 성별의 문제가 아니라 편견의 작용, 또는 일반화의 오류였다는 결론에 이르게 된다.

내 경우를 돌아보면 남자 팀장에 대해서는 김 팀장은 이런 스타일이고 이 팀장은 저런 스타일이라고 평가하면서, 여자 팀장에 대해서는 '여자 상사들은……'이라고 싸잡아 평가했었다. 당시 여자 팀장이 딱 한 명이다 보니 개인의 고유성을 무시하고 여자로 뭉뚱

그려 생각했던 것 같다. 그러나, 겪으면서 보니 남자 상사들이 다 똑같지 않듯이, 여자 상사들도 마찬가지로 제각각이었다.

부하직원도 마찬가지였다. 처음 팀장이 됐을 때 엄청 개기는 남자 팀원이 있었다. 남자 부하직원을 어떻게 대해야 할지 고민했었는데, 더 많은 남자 직원들을 대하다보니 남자가 문제가 아니라 그 친구가 문제였다는 것을 알게 됐다. 그 사이 개기는 여자 직원도 겪었다. 결국 서로 간 코드의 문제, 또는 상황의 문제이지 성별의 문제는 아니었다. 그러나 경험이 쌓이기 전까지는 뭔가 문제가 생기거나 관계가 꼬이면 성별을 기준으로 놓고 고민을 했었다. '내가 여자라 그런 거지?', '여자 상사들은 늘 그래', '남자 직원들은 그렇게 대하면 안 돼' 하는 식으로 말이다.

인터넷 답변을 몇 개 읽어보니 이대로 했다가는 큰일이다 싶을 정도로 허황된 것들이 많다. 권위에 도전하는 남자 부하 직원들에게 엄마의 마음으로 대하라거나, 아이 선물 같은 것을 챙기면 세심한 배려에 감동하기 마련이라는 답변들이 그중 하나다. 그런 방법이 전혀 통하지 않는다기보다 도전의 이유를 명확히 파악하는 것이 더 중요하다는 이야기를 하고 싶다. 내 경우, 남자 직원 하나는 업무 조정에 불만을 품고 다른 일에까지 사사건건 트집이었고, 여자 직원 하나는 내가 본부장으로부터 신뢰를 못 받자 대놓고 무시했었다. 이들에게 엄마의 마음으로 애들 선물 챙기면 관계가 달라질까.

남자 부하직원은 막 혼낼 수 있고 술 한잔 하며 풀기도 쉬운데,

여자 부하직원은 야근을 시키기도 어렵고 잘못해도 혼내기 어렵다는 고민도 보인다. 이에 대한 답변은 둘째 치고, 이런 것을 고민이라고 하고 있는 관리자는 무능한 관리자다. 업무 지시를 하는데 성별이 무슨 상관인가. 남자라서 지시할 수 있고 여자라서 지시할 수 없다면 자신의 무능함을 돌아봐야 한다. 야근도 마찬가지다. 쓸데없고 관행적이고 무의미한 야근은 남자건 여자건 싫어한다. 반면, 꼭 필요한 야근을 단지 야근이라는 이유로 거부할 여자나 남자는 없다. 설혹 있다 해도 관리자가 그 정도 업무 조정을 못한다면 그 역시 무능하다. 한두 명이 야근 안 하면 팀이 안 돌아가나. 사정상 야근을 못 하는 직원은 다른 쪽에서 이바지하게 하면 된다. 전부 관리자 몫이다.

덧붙여, 상급자라고 하급자를 '혼낼' 수 있다고 보는 것도 구시대적이다. 혼낼 것이 아니라 업무 지시를 정확히 하면 된다. 남자 직원들과는 술 한잔 마시면 풀 수 있다는 생각 역시 착각이다. 하급자 입장에서는 그것까지 비위를 맞춰주고 있는 것에 지나지 않는다. 기분 상하지 않은 척, 상급자의 선의를 다 알아들은 척, 자기 성질 부릴 것 다 부린 후에 생색내는 술자리에 다 풀린 척하는 것이다. 하급자에게는 그 술자리조차 곤욕일 것이다. 성별과 무관하게 하급자들은 상급자 앞에서 예의바르게 처신할 수밖에 없다. 그러니 성별 들먹이며 겁내지 말고 업무 지시를 하면 된다.

상급자의 경우도 성별에 따라 일률적으로 적용할 수 있는 팁은 없다. 여자 팀장을 여동생 대하듯 하는 남자 과장이 있었다. 팀장이 화를 내거나 힘들어 하면 오빠라도 되는 양 챙겨주고 얼러주는데 그 방법이 잘 통했다. 그러나, 나를 포함해 우리 본부 나머지 여자 팀장들에게는 어림도 없었다. 다 똑같을 리 없다.

여자 상사들이 다 이상하다고? 남자 부하직원들은 다 문제가 있다고? 그렇지 않다. 더 많이 겪지 않아서 오는 착시일 뿐이다. 그냥, 그 사람과 내가 안 맞는 것이다. 그래서 대응 역시 개별적이어야 한다. 남자이고 여자라는 이유로 언제든 통할 대응책 같은 것은 존재하지 않는다. 성별 문제로 접근하면, 갈등의 원인 파악도 해결 방법도 엉뚱해진다. 내 경우, 업무 조정에 불만이었던 남자 직원과는 서로 사감이 섞여 관계 개선이 불가능하다고 판단해 다른 팀으로 보내는 선택을 했다. 나를 무시했던 여자 직원은 내가 본부장의 신뢰를 회복하자 모든 것이 해결됐다. 대응책은 제각각일 수밖에 없다.

다만, 개인의 문제가 아니라 구조의 문제로 인해 여자가 겪는 어려움은 분명 있다. 예컨대, 남자 간부들이 압도적으로 많은 조직(우리나라 대부분의 조직이다)에서 여자 팀장은 왠지 취약하고 위태롭게 보일 수 있다. 여자 팀장 밑에 있다가는 승진도 못 할 것 같고 성과도 못 낼 것 같은 생각이 든다. 이런 경우, 팀장이 감당해야 할 몫이 크다. 인터넷을 보니 '남자처럼 하라'는 취지의 조언이 많다. 그러나, 남자처럼 해서는 안 된다. 어차피 남자가 아니기 때문이다. 남자들에게 익숙한 방식을 바꾸고, 남자들에게 유리한 룰을 바꿔야 한다. 다른 방법은 없다. 그렇다고 방식과 룰의 변화를 위해 뭔가 보여주려고 애쓸 필요도 없다. 중심을 잃지 않고 자신의 방식을 믿고 실패를 감당하고, 무엇보다, 부당한 평가에 초연하면 좋겠다. 방식과 룰이 바뀌기 전까지 여자에게 불리한 평가는 반드시 따라온다. 그것에 흔들려 다시 남자처럼 하려 들거나 좌절하지 않았으면 좋겠다. 당신이 당신의 방식으로 버티면 조직의 방식과 룰도 바뀔 것이다.

어느 조직이든 한 성이 지배적 지위를 갖고 있으면 건강한 문화가 만들어지기 어렵다. 다양한 성이 다양한 지위에서 함께 일할수록 조직은 건강해진다는 점을 믿고, 성별을 기준으로 한 편견과 성급한 일반화는 치워두자.

언니의
따뜻한
말 한마디

초판 1쇄 펴낸 날 2016. 11. 23.

지은이   윤정연
발행인   양진호
책임편집   위정훈
디자인   강영신
발행처   도서출판 인문원
임프린트   도서출판 책뜨락

등 록   2013년 5월 21일 (제2014-000039호)
주 소   (121-893) 서울시 마포구 양화로 56 동양한강트레벨 718호
전 화   (02) 338-5951~2
팩 스   (02) 338-5953
이메일   inmunbook@hanmail.net

ISBN   979-11-86542-30-9 (03320)

이 도서의 국립중앙도서관 출판예정도서목록(CIP)은 서지정보유통지원시스템 홈페이지(http://seoji.nl.go.kr)와 국가자료공동목록시스템(http://www.nl.go.kr/kolisnet)에서 이용하실 수 있습니다. (CIP제어번호: CIP2016025189)

모두가 유능할 수는 없다.

항상 영원히 유능할 수도 없다.

10년, 20년씩 길게 보면

어떤 식으로든 부침이 있다.

생각지도 않게 일이 잘 풀려

큰 성과를 내는 때도 있지만,

평소보다 훨씬 애썼던 것 같은데

결과가 썩 좋지 않은 때도 있다.

기대도 안 했는데

좋은 점수를 받아들 때도 있고,

'이번에야말로!' 하며 장담했는데

하위권의 점수를 받아들 때도 있다.

올 한 해 빛나고 스러질 게 아니라면,

롱런이 목표라면, 나만의 필살기 하나쯤

만들어두는 것이 좋다.

그 필살기는 흔히 생각하는 스펙이 아니다.

그 물에는 이미 경쟁자가 넘쳐난다.

협력적 태도, 계산하지 않는 우직함,

겸손함, 나아갈 때와 물러날 때를

아는 처신 같은 것들이 오히려

블루 오션이다.

– 본문에서

"부장님의 불호령보다,
팀장님의 호통보다 두려운 것은
'나'를 잃어버리는 것이다!"

직장생활 롱런이 목표인 당신에게,
멋진 직장인으로 성장하고 싶은 당신에게 건네는
아주 특별한 한마디!

"제발 주인의식 좀 버려. 너희들이 이 회사 주인이야? 주인도 아닌데 왜 주인의식
들을 갖고 그래. 너네는 종업원의식을 가지란 말야."

그 말을 들은 것은 1990년대 중반이었다. 2~3년차 새내기인 우리는 전혀 이해하지
못했다. 그때야말로 주인의식을 갖고 모두가 열심히 일하는 것이 선(善)인 줄 알던
때 아닌가. 몇 년이 지나고 나서야 그분이 요즘으로 치면 팔로워십(followership)을
가지라는 얘기를 한 거였고, 조직관리 마인드에 대해 얘기한 것임을 알았다. 여전
히 조직에 대한 충성을 기반으로 유능한 직원이 되는 요건에 대해 이야기한 것이기
는 했지만, 어쨌거나 직원이라고 다 일만 해야 하는 것은 아니며 '주인의식은 주인
이 갖는 것'이라는 각성은 내게 엄청난 생각의 전환을 가져왔다.

나는 누구의 주인인가. 나는 나의 주인이다. 그러니 내가 원하는 것, 내가 생각하는
것들에 집중하고 중심을 잡는 것이 중요하다. 그런데 그게 어려워 우리는 남의 눈
의 노예 또는 회사의 노예로 살고 마는 것일 터다. _본문에서

값 13,000원

03320

9 791186 542309

ISBN 979-11-86542-30-9